AF602595

CATÉCHISME GRAMMATICAL

DE LA LANGUE FRANÇAISE

A L'USAGE

DES ÉTUDES PRIMAIRES

PAR

H. L.-D. RIVAIL,

Membre de plusieurs Académies et Sociétés savantes,
Ancien directeur du Lycée Polymathique.

DEUXIÈME ÉDITION

Augmentée d'une Liste nombreuse des Locutions vicieuses les plus usuelles

PARIS

C. BORRANI, LIBRAIRE-ÉDITEUR

RUE DES SAINTS-PÈRES, 9.

INTRODUCTION

La clarté et la simplicité sont le principal mérite d'un ouvrage destiné à des commençants; c'est pourquoi nous avons soigneusement évité, dans celui-ci, toutes les abstractions et tout ce qui pouvait faire confusion dans des esprits novices, nous bornant à donner les connaissances élémentaires indispensables. L'élève qui possèdera bien ces connaissances fondamentales abordera par la suite, avec une bien plus grande facilité, les questions d'un ordre plus élevé; et dans le cas où il ne pourrait poursuivre son instruction, c'est-à-dire s'il était obligé d'interrompre ses études de bonne heure, il possèderait toujours l'indispensable de la science pour les usages ordinaires de la vie.

La clarté résulte de la brièveté même avec laquelle les principes sont formulés et rendus en quelque sorte indépendants les uns des autres, ce qui permet à l'élève de les comprendre et de les retenir avec moins de difficulté. Les questions auxquelles ils donnent lieu, placées à la fin de chaque page, fournissent en outre un moyen facile de l'interroger sur le sujet de chaque leçon. Cette disposition du questionnaire simplifie à la fois le travail du maître et celui de l'élève. Le moyen de s'en servir avec le plus d'avantage consiste à donner, pour chaque leçon, un certain nombre de questions à étudier, auxquelles l'élève doit répondre de vive voix ou par écrit.

L'ouvrage est terminé par une série d'exercices gradués sur l'analyse grammaticale. Nous avons pensé qu'il serait très commode, pour l'instituteur et pour l'élève, de trouver dans le même ouvrage des exercices tout préparés sur cette matière, et combinés de manière à faire passer en revue les différentes espèces de mots sous tous les aspects qu'ils peuvent présenter, soit qu'on s'en serve comme moyen d'exercices de vive voix, soit qu'on les donne comme sujets de devoirs écrits. C'est dans le même but que nous donnons une liste nombreuse de verbes pour servir aux exercices de conjugaison. A l'égard des verbes irréguliers nous nous sommes bornés aux verbes les plus usuels, et nous avons indiqué la conjugaison de tous les temps sur lesquels l'élève pourrait être embarassé, ce que l'on ne trouve point ordinairement dans les grammaires élémentaires.

Cette nouvelle édition a été augmentée d'une Liste nombreuse des Locutions vicieuses les plus usuelles.

CATÉCHISME GRAMMATICAL
DE LA LANGUE FRANÇAISE

PREMIÈRE PARTIE
LEXICOLOGIE

CHAPITRE PREMIER
ÉLÉMENTS DU LANGAGE

§ I. — *Des lettres dans le langage écrit.*

1. — Les lettres sont des signes qui servent à représenter les sons d'une langue.

2. — Les mots écrits sont composés de lettres.

3. — On appelle *alphabet* la collection des lettres d'une langue.

4. — L'alphabet français se compose de vingt-cinq lettres qui sont : *a, b, c, d, e, f, g, h, i, j, k, l, m, n, o, p, q, r, s, t, u, v, x, y, z.*

5. — On distingue deux espèces de lettres : les voyelles et les consonnes.

6. — Les voyelles sont les lettres qui se prononcent seules et sans le secours d'aucune autre lettre. Il y en a six qui sont : *a, e, i, o, u, y.*

7. — Les consonnes sont des lettres qui ne peuvent se prononcer sans le secours des voyelles. Il y en a dix-neuf qui sont : *b, c, d, f, g, h, j, k, l, m, n, p, q, r, s, t, v, x, z.*

---

1. Qu'est-ce que les lettres ?
2. De quoi sont composés les mots écrits ?
3. Qu'est-ce que l'alphabet ?
4. Combien y a-t-il de lettres en français ?
5. Combien y a-t-il d'espèces de lettres ?
6. Qu'est-ce que les voyelles ? — Combien y en a-t-il ? — Quelles sont-elles ?
7. Qu'est-ce que les consonnes ? — Combien y en a-t-il ? — Quelle sont-elles ?

8. — Outre les six voyelles de l'alphabet, il y a encore en français six autres sons purs qui se prononcent également seuls, mais pour lesquels nous n'avons pas de signes particuliers et que l'on représente par deux lettres; ce sont : *eu, ou, an, in, on, un*. Il y a également trois articulations représentées par plusieurs lettres; ce sont : *ch, gn, ill*.

9. — Les quatre sons *an, in, on, un*, sont appelés *sons nasals*, parce qu'on les prononce un peu du nez.

§ II. — *Remarques sur certaines lettres.*

10. — Les voyelles sont longues ou brèves selon qu'on appuie dessus plus ou moins longtemps. Ainsi l'*a* est long dans *pâte* et bref dans *patte ;* l'*o* est long dans le *nôtre* et bref dans *notre*.

11. — On marque ordinairement les voyelles longues par un accent circonflexe, comme dans *âne, bête, épître, apôtre, croûte, flûte, jeûne* (abstinence).

12. — On compte en général trois sortes d'*e :* l'*e* muet, l'*é* fermé et l'*è* ouvert que l'on distingue ordinairement par les accents; on peut y ajouter l'*e* nul et l'*e* euphonique.

13. — L'*e* muet ou peu sensible est celui que l'on entend à peine, comme dans *livre*.

14. — L'*é* fermé est celui qu'on prononce la bouche presque fermée, comme dans *témérité*.

15. — L'*è* ouvert est celui qu'on prononce la bouche très ouverte, comme dans *père*.

16. — L'*e* nul est celui qui ne se prononce pas du tout, comme dans *il eut, nous eûmes*.

17. — L'*e* euphonique est celui qui sert à adoucir la prononciation du *g*, comme dans *nous mangeons*.

---

8. Combien y a-t-il de sons purs qui sont représentés par deux lettres? — Combien y a-t il d'articulations représentées par plusieurs lettres?

9. Combien y a-t-il de sons nasals? — Quels sont-ils?

10. Qu'appelle-t-on voyelles longues et voyelles brèves?

11. Comment marque-t-on ordinairement les voyelles longues?

12. Combien compte-t-on en général d'espèces d'*e*? — Comment distingue-t-on ordinairement les différentes espèces d'*e*?

13. Qu'est-ce que l'*e* muet?

14. Qu'est ce que l'*é* fermé?

15. Qu'est-ce que l'*è* ouvert?

16. Qu'est-ce que l'*e* nul?

17. Qu'est-ce que l'*e* euphonique?

18.—L'*è* ouvert se marque ordinairement par un accent grave et l'*é* fermé par un accent aigu ; mais le son de l'*e* n'est pas toujours indiqué par un accent, et tout *e* sans accent n'est pas nécessairement muet ; dans *terre*, par exemple, le premier *e* est ouvert, et dans *esprit* il est fermé, quoiqu'ils n'aient point d'accent.

19. — L'*y* s'emploie quelquefois pour un seul *i*, comme dans *mystère*, et quelquefois pour deux *i*, comme dans *tuyau, pays*, que l'on prononce *tui-iau, pai-is*.

20. — Le *c* a deux prononciations : l'une douce, c'est-à-dire comme une *s*, l'autre dure, c'est-à-dire comme un *k*.

21. — Le *c* a le son doux avant *e, i, y*, comme dans *cette, cité, cygne*. Il a le son dur avant *a, o, u*, avant les consonnes et à la fin des mots, comme dans *canne, comme, lacune, crime, lac*.

22. — On adoucit la prononciation du *c* avant *a, o, u*, en mettant une cédille sous le *c*, comme dans *leçon, façade, reçu*.

On ne met pas de cédille sous le *c* avant *e, i, y*, parce qu'avant ces lettres il a toujours le son doux.

23. — Le *c* final est quelquefois nul ou muet, comme dans les mots *estomac, almanach, tabac, broc, cric, porc, marc* (poids).

24. — Le *g* a deux prononciations : l'une douce, c'est-à-dire comme un *j*, l'autre dure comme dans *garde*.

25.— Le *g* a le son doux avant *e, i, y*, comme dans *génisse, giberne, gypse*. Il a le son dur avant *a, o, u* et avant les consonnes, comme dans *gargote, figure, globe*.

26. — On adoucit la prononciation du *g* avant *a, o, u*, en le faisant suivre d'un *e* euphonique, comme dans *nous mangeons, pigeon, gageure* (prononcez *gajure*) (17).

27.—Le *g* à la fin des mots est presque toujours nul, comme dans *bourg, faubourg* ; il a le son dur dans les noms étrangers, comme dans *Spitzberg*.

---

18. Comment marque-t-on ordinairement les *é* fermés et les *è* ouverts ? — Le son de l'*e* est-il toujours indiqué par un accent ? — Tout *e* sans accent est-il nécessairement muet ?

19. Qu'y a-t-il à remarquer sur la prononciation de l'*y* ?

20. Qu'y a-t-il à remarquer sur la prononciation du *c* ?

21. Quand le *c* a-t-il le son doux ou dur ?

22. Comment adoucit-on la prononciation du *c* avant *a, o, u* ? — Peut-on mettre une cédille sous le *c* avant *e, i, y* ?

23. Le *c* final se prononce-t-il toujours ?

24. Qu'y a-t-il à remarquer sur la prononciation du *g* ?

25. Quand le *g* a-t-il le son doux ou dur ?

26. Comment adoucit-on la prononciation du *g* avant *a, o, u* ?

27. Comment se prononce le *g* final ?

28. — La lettre *h* est *muette* ou *aspirée*. L'*h* muette est celle qui ne se prononce pas, comme dans *l'homme ;* elle est aspirée quand elle se prononce, comme dans *le héros, la harpe.*

29. — Le mot *aspiré* en parlant de l'*h* signifie *dur*, et ne veut pas dire qu'on retire sa respiration.

30. — L'*s* a deux prononciations : l'une douce, c'est-à-dire comme un *z*, l'autre dure, c'est-à-dire comme *ce*.

31. — L'*s* a le son du *z* quand elle est entre deux voyelles, comme dans *maison, poison ;* pour prononcer *ce* on en met deux ; excepté dans quelques mots composés où elle a le son de *ss*, quoiqu'elle soit entre deux voyelles, tels que : *parasol, tournesol, entresol, présupposer, présupposition, désuétude, monosyllabe, polysyllabe, vraisemblable,* etc.

32. — L'*s* a le son dur, c'est-à-dire de *ce*, quand elle n'est pas entre deux voyelles, comme dans *ainsi, consul ;* excepté dans *Alsace, Israël, balsamique, balsamine, transiger, transaction, transit, transitif, intransitif,* qu'on prononce *Alzace*, etc.

33. — Le *t* a quelquefois le son d'une *s* quand il est suivi d'un *i*, comme dans *martial, portion.*

34. — L'*x* a trois prononciations : l'une dure, c'est-à-dire comme *cs*, l'autre douce, c'est-à-dire comme *gz*, la troisième comme *ss*.

35. — L'*x* a le son de *cs*, quand elle est suivie d'une consonne, comme dans *excuse ;* elle a le son *gz*. quand elle est entre deux voyelles, comme dans *examen*, excepté dans quelques mots où elle a le son dur, comme *maxime, anxiété, auxiliaire ;* elle a le son de *ss* dans *Bruxelles, Auxerre, Auxonne, Aix*, et à la fin des nombres *six, dix ;* on prononce *Brusselles, Ausserre,* etc.

36. — Le *ch* a le son du *k* : 1° avant les consonnes, comme dans *chlore, chronologie ;* 2° dans quelques mots dérivés du grec, comme *archange, archiépiscopal, chaos, chersonèse, chiromancie, catéchumène, écho, eucharistie, Joachim, Melchisédech, Michel-Ange.*

37. — On appelle *L mouillée* l'*l* qui est précédée d'un *i*, et

---

28. Qu'y a-t-il à remarquer sur la prononciation de l'*h ?* — Qu'est-ce que l'*h* muette ? — Qu'est-ce que l'*h* aspirée ?

29. Que signifie le mot *aspiré* en parlant de l'*h ?*

30. Qu'y a-t-il à remarquer sur la prononciation de l'*s ?*

31. Quand l'*s* a-t-elle le son du *z ?*

32. Quand l'*s* a-t-elle le son de *ce ?*

33. Qu'y a-t-il à remarquer sur la prononciation du *t ?*

34. Qu'y a-t-il à remarquer sur la prononciation de l'*x ?*

35. Quand l'*x* a-t-elle le son de *cs*, de *gz* ou de *ce ?*

36. Qu'y a-t-il à remarquer sur la prononciation de *ch ?*

37. Qu'appelle-t-on *l mouillée ?* — *L* précédée d'un *i* est-elle toujours mouillée ?

qui se prononce comme dans *travail*, *bataille*, *fille*, *famille*. Dans certains mots l'*l*, quoique précédée d'un *i*, conserve sa prononciation et n'est plus alors une *l* mouillée, comme dans *tranquille*, *camomille*, qu'on prononce *tranqui-le*, *camomi-le*.

38. — On appelle *N mouillée* l'*n* qui est précédée d'un *g*, et qui se prononce comme dans *montagne*. Dans certains mots l'*n*, quoique précédée d'un *g*, conserve sa prononciation, et le *g* se prononce dur et distinctement, comme dans *stagnant*, *diagnostique*, *gnôme*, *gnomon*, *Gnide*, *Progné*, *igné*, *ignicole*, *régnicole*, *inexpugnable*, *magnificat*, etc., qu'on prononce *stag-nant*, etc.

39. — Le *w* n'est pas une lettre française, c'est pourquoi il n'entre pas dans notre alphabet; on ne l'emploie que dans quelques mots étrangers, comme *wagon*, *Wagram*, *Waterloo*, *William*.

40. — Il y a dans l'alphabet quatre lettres qui présentent un double emploi et dont on pourrait se passer; ce sont l'*y* qui a le son de l'*i*, le *k* et le *q* qui ont le son du *c* dur, l'*x* qui donne une articulation double et que l'on pourrait remplacer par *cs* ou *gz*.

§ III. — *Des syllabes et des diphthongues.*

41. — On appelle *syllabe* une ou plusieurs lettres qui se prononcent ensemble par une seule émission de voix, comme *ma*, *mon*, *point*.

42. — On appelle *monosyllabes* les mots qui n'ont qu'une syllabe; *dissyllabes* ceux qui en ont deux; *trissyllabes* ceux qui en ont trois; *polysyllabes* ceux qui en ont plusieurs, quel qu'en soit le nombre.

43. — Quand un mot renferme une double consonne, la division des syllabes se trouve entre les deux consonnes, comme dans *pois-son*, *tris-syl-la-be*.

---

38. Qu'appelle-t-on *n mouillée?* — *Gn* a-t-il toujours le son de *n* mouillée?

39. Qu'y a-t-il à remarquer sur le *w?*

40. Combien y a-t-il de lettres qui présentent un double emploi et dont on pourrait se passer?

41. Qu'est-ce qu'une syllabe?

42. Qu'appelle-t-on monosyllabe, dissyllabe, trissyllabe, polysyllabe?

43. Où se trouve la division des syllabes quand il y a une double consonne?

44. — Une *diphthongue* est une réunion de deux sons qui se prononcent distinctement, quoique d'une seule émission de voix, et ne forment qu'une syllabe.

45. — Les principales diphthongues sont : *ia, ié, iè, io, iu, ieu, iou, ian, ien, ion, aï, oin, oui, oi.*

§ IV. — *Des signes orthographiques.*

46. — Les signes orthographiques sont : les accents, le tréma, l'apostrophe, la cédille, le trait d'union, le tiret, la parenthèse, les guillemets, les points de suspension, les signes de ponctuation. On peut y ajouter les lettres euphoniques.

47. — Les *accents* sont des signes que l'on met sur certaines voyelles, soit pour en faire connaître la prononciation, soit pour distinguer le sens de deux mots qui s'écrivent de même.

48. — Il y a trois accents qui sont : l'accent aigu, l'accent grave et l'accent circonflexe (1).

49.— Le *tréma* est un signe formé de deux points que l'on met sur certaines voyelles pour les faire prononcer séparément de celle qui précède, comme dans *Saül, haïr, ciguë,* qui se prononceraient sans tréma : *sôl, her, cigue* (comme figue).

50 — L'*apostrophe* est un signe qui marque l'élision d'un *e* ou d'un *i*, pour éviter la rencontre de deux voyelles qui produiraient un son désagréable, comme dans *l'arbre, l'abeille, j'aime, s'il,* qui sont mis pour *le arbre, la abeille, je aime, si il.*

Le mot *s'il* est le seul où l'*i* soit remplacé par une apostrophe.

51. — On appelle *hiatus* le son désagréable produit par la rencontre de deux voyelles.

52. — La *cédille* est un signe que l'on place sous le *c* pour en adoucir la prononciation avant *a, o, u,* comme dans *leçon, façade, reçu.*

---

44 Qu'est-ce qu'une diphthongue ?

45. Quelles sont les principales diphthongues ?

46. Quels sont les signes orthographiques ?

47. Qu'est-ce que les accents ? — A quoi servent les accents ?

48. Combien y a-t-il d'accents ? — Quels sont-ils ?

49. Qu'est-ce que le tréma ? — A quoi sert le tréma ?

50. Qu'est-ce que l'apostrophe ? — A quoi sert l'apostrophe ? — Quelles lettres remplace l'apostrophe ? — Dans combien de mots l'apostrophe remplace-t-elle un *i* ?

51. Qu'est-ce qu'un *hiatus* ?

52. Qu'est-ce que la cédille ? — A quoi sert la cédille ?

(1) Voy. numéros 11 et 18, et le chapitre spécial de l'emploi des accents dans la seconde partie.

53. — Le *trait d'union* est un signe formé d'un petit trait qui sert à unir certains mots, comme dans *arc-en-ciel.*

54. — Le *tiret* est un signe qui sert, dans un dialogue, à indiquer le changement d'interlocuteur pour éviter de répéter les mots *dit-il, répondit-il.* Exemple :

Une grenouille vit un bœuf
Qui lui sembla de belle taille.
Elle, qui n'était pas grosse en tout comme un œuf,
Envieuse, s'étend, et s'enfle et se travaille
Pour égaler l'animal en grosseur ;
Disant : Regardez bien, ma sœur ;
Est-ce assez ? dites-moi ; n'y suis-je point encore ?
— Nenni. — M'y voici donc ? — Point du tout. — M'y voilà ?
— Vous n'en approchez point. La chétive pécore
S'enfla si bien qu'elle creva.

55. — La *parenthèse* ( ) est un signe qui sert à renfermer certains mots ou certaines parties de phrase, que l'on peut retrancher sans nuire au sens, mais qui servent à l'éclaircir.

56. — Les *guillemets* («») sont des signes qui servent à distinguer du reste du discours un passage que l'on cite. On les met quelquefois au commencement de chaque ligne, d'autres fois seulement au commencement et à la fin de la citation.

57. — Les *points de suspension* sont plusieurs points placés à la suite d'un discours pour montrer qu'il n'est pas achevé. Exemple : *On est plus content de vous ; mais...*

58. — Les *signes de ponctuation* sont des signes qui servent à marquer la distinction du sens dans les phrases et les repos dans la lecture. Ce sont : le point (.), la virgule (,), le point et virgule (;), les deux points (:), le point d'interrogation (?) et le point d'exclamation (!).

59. — Les *lettres euphoniques* sont des lettres employées dans certains cas pour rendre la prononciation plus douce et plus coulante, et le plus souvent pour éviter les *hiatus ;* ces lettres sont : *t, l, e,* comme dans : *a-t-il, si l'on vient, mangeons.*

---

53. A quoi sert le trait d'union ?
54. A quoi sert le tiret ?
55. A quoi sert la parenthèse ?
56. A quoi servent les guillemets ?
57. A quoi servent les points de suspension ?
58. Quels sont les signes de ponctuation ? — A quoi servent-ils ?
59. Qu'est-ce que les lettres euphoniques ? — Quelles sont-elles ?

CHAPITRE II

DE LA GRAMMAIRE

§ I. — *Définitions générales.*

60. — La grammaire est l'art de parler et d'écrire correctement.

61. — Parler et écrire correctement, c'est parler et écrire conformément aux usages reçus et aux règles de la grammaire.

62. — Pour bien parler et bien écrire une langue il faut en connaître les principes, c'est-à-dire les règles de la grammaire.

63. — On divise ordinairement la grammaire en trois parties : *la lexicologie*, *la lexicographie* ou *orthographe* et *la syntaxe* (1).

64. — La *lexicologie* est la partie de la grammaire qui traite de la nature des mots, de leurs fonctions dans le discours et de leur classification.

65. — La *lexicographie* ou *orthographe* est la partie de la grammaire qui traite de la manière d'écrire les mots.

§ II. — *Des parties du discours.*

66. — On appelle *parties du discours* les différentes espèces de mots qui existent dans une langue.

67. — On compte ordinairement dix parties du discours qui sont : *les noms* ou *substantifs*, *les articles*, *les adjectifs*, *les pronoms*, *les verbes*, *les participes*, *les adverbes*, *les prepositions*, *les conjonctions* et *les interjections*.

---

60. Qu'est-ce que la grammaire ?
61. Qu'est-ce que parler et écrire correctement ?
62. Que faut-il pour bien parler et bien écrire ?
63. Comment divise-t-on la grammaire ?
64. Qu'est-ce que la lexicologie ?
65. Qu'est-ce que la lexicographie ?
66. Qu'appelle-t-on parties du discours?
67. Combien y a-t-il de parties du discours ?

(1) Nous ne nous occupons dans cet abrégé que des deux premières parties.

68. — On appelle *mots variables* ceux dont la terminaison peut varier, comme *chanter*, *je chante*, *je chantais*, et *invariables* ceux qui ne changent jamais, comme *pour*, *avec*, *et*.

69. — Il y a six espèces de mots variables ; ce sont : *les substantifs*, *les articles*, *les adjectifs*, *les pronoms*, *les verbes* et *les participes*, et quatre qui sont invariables : *les adverbes*, *les prepositions*, *les conjonctions* et *les interjections*.

CHAPITRE III

DES NOMS OU SUBSTANTIFS

70. — Le substantif est un mot qui sert à désigner un être animé ou inanimé, reel ou abstrait, comme *cheval*, *maison*, *vertu*.

71. — Il y a deux espèces de substantifs : le substantif ou nom propre et le substantif ou nom commun.

72. — Le substantif ou nom propre est celui qui sert à désigner un être en particulier, comme *Paris*, *la France*, *Jean*, *Auguste*.

73. — Le substantif ou nom commun est celui qui convient à tous les individus ou à tous les objets de la même espèce, comme *homme*, *ville*, *enfant*, qui conviennent à tous les hommes, à toutes les villes et à tous les enfants.

74. — On appelle *noms collectifs* certains substantifs communs qui, quoique au singulier, presentent l'idée de plusieurs individus, comme *foule*, *armée*, *troupe*, *multitude*, *quantité*, *la plupart*.

75. — Parmi les collectifs on distingue *les collectifs généraux* et *les collectifs partitifs*. Les collectifs généraux repré-

---

68. Qu'appelle-t-on mots variables ou invariables ?
69. Combien y a-t-il d'espèces de mots variables ou invariables ?
70. Qu'est-ce que le substantif ?
71. Combien y a-t-il d'espèces de substantifs ?
72. Qu'est-ce que les substantifs ou noms propres ?
73. Qu'est-ce que les substantifs ou noms communs ?
74. Qu'appelle-t-on noms ou substantifs collectifs ?
75. Combien distingue-t-on d'especes de collectifs ? — Qu'est-ce que les collectifs généraux ? — Qu'est-ce que les collectifs partitifs ?

sentent une collection entière, comme **LA FOULE** ***des humains est vouée au malheur.*** Les collectifs partitifs représentent une collection partielle, comme **UNE FOULE** ***de pauvres reçoivent des secours.***

CHAPITRE IV

DES GENRES ET DES NOMBRES

76. — On distingue en grammaire deux nombres : le singulier et le pluriel.

77. — Le singulier est quand on parle d'un seul être, comme *la plume;* le pluriel est quand on parle de plusieurs êtres, comme *les plumes.*

78. — Il y a des substantifs qui ne s'emploient pas au pluriel, comme *la faim, la patience,* et d'autres qui ne s'emploient pas au singulier, comme *les entrailles, les funérailles.*

79. — Il y a, en français, deux genres : le masculin et le féminin.

80. — Le masculin est le genre des êtres mâles, comme *le chien,* et le féminin est celui des êtres femelles, comme *la chienne.*

81. — Les êtres inanimés, n'étant ni mâles ni femelles, sont masculins ou féminins, selon le genre que l'usage leur a assigné, comme *le soleil, la lune.*

82. — On reconnaît qu'un substantif est masculin quand il peut être précédé de *le* ou *un,* comme *le chapeau, un ruban;* il est féminin quand il peut être précédé de *la* ou *une,* comme *la lune, une étoile.*

83. — Dans beaucoup de langues il existe un troisième genre appelé *neutre.*

---

76. Combien distingue-t-on de nombres en grammaire ?
77. Qu'est-ce que le singulier ? — Qu'est-ce que le pluriel ?
78. Tous les substantifs s'emploient-ils au singulier et au pluriel ?
79. Combien y a-t-il de genres en français ?
80. Qu'est-ce que le masculin ? — Qu'est-ce que le féminin ?
81. Quel est le genre des êtres inanimés ?
82. Comment reconnaît-on le genre d'un substantif ?
83. Quel est le troisième genre qui existe dans certaines langues ?

CHAPITRE V

DES ARTICLES

84. — Les articles sont des mots que l'on place avant les substantifs pour en déterminer la signification, et qui servent en même temps pour la plupart à en faire connaître le genre et le nombre.

Remarque. Quelques grammairiens placent les articles parmi les adjectifs déterminatifs.

85. — Les articles se placent avant les subtantifs et avant tous les mots pris substantivement; d'où il résulte qu'on reconnaît mécaniquement qu'un mot est substantif quand il est précédé ou peut être précédé d'un article.

86. — On distingue quatre espèces d'articles : 1° Les articles simples définis; 2° les articles composés ou contractés; 3° les articles partitifs: 4° les articles indéfinis.

87. — Les *articles simples définis* sont : *le* pour le masculin singulier, *la* pour le féminin singulier, et *les* pour le pluriel des deux genres.

88. — Quand les articles *le* et *la* sont suivis d'une voyelle ou d'une *h* muette, on remplace l'*e* et l'*a* par une apostrophe, comme dans *l'arbre*, *l'etoile*, *l'homme*, *l'histoire*, qui sont mis pour *le arbre*, *la étoile*, *le homme*, *la histoire*. Ce retranchement s'appelle *élision*. *Élider* veut dire *retrancher*.

89. — Les *articles composés* ou *contractés* sont ceux qui sont formés des articles *le*, *les* et des prépositions *à* ou *de*, réunis en un seul mot.

90. — Les articles composés ou contractés sont : DU pour *de le*, DES pour *de les*, AU pour *à le*, AUX pour *à les*.

---

84. Qu'est-ce que les articles ? — Où classe-t-on quelquefois les articles ?

85. Où se placent les articles? — Quel est le moyen mécanique de reconnaître si un mot est un substantif ?

86. Combien y a-t-il d'espèces d'articles ?

87. Quels sont les articles simples définis ?

88. Qu'y a-t-il à remarquer sur les articles *le* et *la* suivis d'une voyelle ou d'une *h* muette ?

89. Qu'est-ce que les articles composés ou contractés ?

90. Quels sont les articles contractés ?

Les articles *le*, *les*, sont les seuls qui puissent se contracter.

91. — La contraction a lieu avant les substantifs masculins commençant par une consonne ou une *h* aspirée, et avant tous les substantifs pluriels sans exception. Elle n'a jamais lieu au singulier avant les substantifs féminins, ni avant les substantifs masculins commençant par une voyelle ou une *h* muette.

92. — *Tableau de l'emploi des articles contractés.*

La beauté DE LA rose.
La hauteur DE L'arbre.
La vie DE L'homme.
La force *du* lion, pour *de le* lion.
La couleur *du* homard, pour *de le* homard.
La beauté *des* roses, pour *de les* roses.
La hauteur *des* arbres, pour *de les* arbres.
La vie *des* hommes, pour *de les* hommes.
La force *des* lions, pour *de les* lions.
La couleur *des* homards, pour *de les* homards.
Je vais A LA maison.
Je donne A L'enfant.
Je parle A L'homme.
Je donne *au* pauvre, pour *à le* pauvre.
Je vais *au* hameau, pour *à le* hameau.
Je vais *aux* maisons, pour *à les* maisons.
Je donne *aux* enfants, pour *à les* enfants.
Je parle *aux* hommes, pour *à les* hommes.
Je donne *aux* pauvres, pour *à les* pauvres.
Je vais *aux* hameaux, pour *à les* hameaux.

93. — On appelle *articles partitifs* les articles composés qui servent à exprimer une portion de la chose dont on parle ; ce sont : *du*, *de la*, *des*, comme dans : *manger* DU *pain*, DE LA *soupe*, DES *poires*.

94. — Les *articles indéfinis* sont : *un* pour le masculin sin-

---

91. Quels sont les articles qui peuvent se contracter ? — Quand la contraction de l'article a-t-elle lieu ?

92. Questions variées sur le tableau des articles composés. Exemples : Quel est le pluriel de *de la?* — Pourquoi dit-on *du homard* et non *de le homard ?* etc.

93. Qu'appelle-t-on articles partitifs ? — Quels sont-ils ?

94. Quels sont les articles indéfinis ?

gulier, *une* pour le féminin singulier, et *des* pour le pluriel des deux genres.

95. — Le mot *un* peut être article indéfini ou adjectif numéral selon le sens. Il est adjectif numéral quand il sert à compter et à marquer une unité, comme dans *j'ai donné* UN *franc*. Il est article quand il ne sert pas à compter, comme dans *le cheval est* UN *animal domestique ;* dans ce cas il a pour pluriel *des : les chevaux sont* DES *animaux domestiques*.

96. — Le mot *des* n'est pas toujours une contraction de *de les*. *Des* est une contraction de *de les* quand il est le pluriel de *du* ou *de la*, comme dans *la force des lions*, qui fait au singulier *la force du lion*. Quand *des* est le pluriel de *un*, c'est un article indéfini et non une contraction de *de les*, comme dans *des pommes sont des fruits*, dont le singulier est *une pomme est un fruit*, et non *de la pomme est du fruit*.

CHAPITRE VI

DES ADJECTIFS

§ I. — *Nature et classification des adjectifs.*

97. — Les adjectifs sont des mots que l'on ajoute aux substantifs pour les qualifier et les déterminer.

98. — Il y a deux espèces principales d'adjectifs : les adjectifs qualificatifs et les adjectifs déterminatifs.

99. — Il y a quatre espèces d'adjectifs déterminatifs : les adjectifs numéraux, les adjectifs démonstratifs, les adjectifs possessifs et les adjectifs indéfinis. Quelques grammairiens y ajoutent les *articles*.

§ II. — *Adjectifs qualificatifs.*

100. — Les *adjectifs qualificatifs* sont ceux qui modifient le substantif en y ajoutant l'idée d'une qualité bonne ou mauvaise, comme dans BON *pain*, MAUVAIS *vin*, PETITE *fille*.

---

95. Le mot *un* est-il toujours *article?*
96. Le mot *des* est-il toujours une contraction de *de les?*
97. Qu'est-ce que les adjectifs ?
98. Combien y a-t-il d'espèces principales d'adjectifs ?
99. Combien y a-t-il d'espèces d'adjectifs déterminatifs ?
100. Qu'est-ce que les adjectifs qualificatifs ?

101. — On appelle *adjectifs verbaux* ou *participes adjectifs*, les adjectifs qualificatifs qui dérivent d'un verbe, comme dans *des enfants* CARESSANTS, *ces enfants sont* AIMÉS; *caressant* vient du verbe *caresser*, *aimés* vient du verbe *aimer*. Ils sont aussi appelés *participes adjectifs*, parce que ce sont des participes qui sont employés adjectivement.

102. — Les adjectifs sont quelquefois employés comme substantifs, comme dans *les menteurs*, *les malheureux*, *un pauvre*, *le rouge*, *le noir*. Dans ce cas, il y a toujours un substantif sous-entendu : *les méchants*, c'est-à-dire *les hommes méchants ; le rouge*, c'est-à dire *la couleur rouge*.

103 — Les substantifs peuvent aussi quelquefois remplir les fonctions d'adjectifs lorsqu'ils expriment des qualités ou des manières d être d'un autre substantif; dans ce cas ils ne sont précédés d'aucun article, ni d'aucun adjectif déterminatif. Exemples : David était *berger* et il devint *roi*. Il faut être *homme*.

§ III. — *Adjectifs numéraux.*

104. — Les *adjectifs numéraux* sont ceux qui déterminent le substantif en y ajoutant une idée de nombre.

105. — Il y a deux espèces d'adjectifs numéraux : les nombres *cardinaux* et les nombres *ordinaux*.

106. — Les *nombres cardinaux* sont ceux qui marquent une certaine quantité d'unités, comme *un*, *deux*, *trois*, *quatre*, etc.

107. — Les *nombres ordinaux* sont ceux qui marquent l'ordre et le rang, comme *premier*, *second*, etc.

108. — Le mot *un* peut être adjectif numéral ou article indéfini selon le sens. (Voy. 95, 96).

---

101. Qu'appelle-t-on adjectifs verbaux ou participes adjectifs? — Pourquoi les appelle-t-on ainsi?

102. Les adjectifs sont-ils quelquefois employés comme substantifs? — Quel mot est sous-entendu quand un adjectif est employé substantivement?

103. Quels mots peuvent quelquefois remplir les fonctions d'adjectifs?

104. Qu'est-ce que les adjectifs numéraux?

105. Comment divise-t-on les adjectifs numéraux?

106. Qu'appelle-t-on nombres cardinaux?

107. Qu'appelle-t-on nombres ordinaux?

108. Le mot *un* est-il toujours adjectif numéral?

§ IV. — *Adjectifs démonstratifs.*

109. — Les *adjectifs démonstratifs* sont ceux qui déterminent les substantifs en y ajoutant une idée de démonstration ou d'indication.

110. — Les adjectifs démonstratifs sont : *ce*, *cet* pour le masculin singulier, *cette* pour le féminin singulier, et *ces* pour le pluriel des deux genres.

111. — On emploie *ce* quand le substantif suivant commence par une consonne, et *cet* quand il commence par une voyelle ou une *h* muette. Exemples : *ce livre*, *cet arbre*, *cet homme*.

§ V. — *Adjectifs possessifs.*

112. — Les *adjectifs possessifs* sont ceux qui déterminent les substantifs en y ajoutant une idée de possession.

113. — Les adjectifs possessifs sont :

Pour le masculin singulier, *mon*, *ton*, *son*, *notre*, *votre*, *leur*;

Pour le féminin singulier, *ma*, *ta*, *sa*, *notre*, *votre*, *leur*;

Pour le pluriel des deux genres, *mes*, *tes*, *ses*, *nos*, *vos*, *leurs*.

114. — On emploie par euphonie, *mon*, *ton*, *son*, au lieu de *ma*, *ta*, *sa*, avant les substantifs féminins singuliers qui commencent par une voyelle ou une *h* muette. On dit : *mon âme*, *ton âme*, *son âme*, *mon histoire*, *ton histoire*, *son histoire*, au lieu de *ma âme*, *ta âme*, etc.

§ VI. — *Adjectifs indéfinis.*

115. — Les *adjectifs indéfinis* sont ceux qui déterminent les substantifs en y ajoutant pour la plupart une idée de généralité.

116. — Les adjectifs indéfinis sont : *chaque*, *nul*, *aucun*, *tout*, *plusieurs*, *maint*, *quelque*, *certain*, *même*, *tel*, *quel*, *quelconque*.

117. — *Certain*, *nul*, *tel*, sont adjectifs qualificatifs quand ils

---

109. Qu'est-ce que les adjectifs démonstratifs?

110. Quels sont les adjectifs démonstratifs?

111. Quand emploie-t-on *ce* et *cet?*

112. Qu'est-ce que les adjectifs possessifs?

113. Quels sont les adjectifs possessifs? — Quels sont les adjectifs possessifs qui ne changent pas au féminin?

114. Qu'y a-t-il à remarquer dans l'emploi de *mon*, *ton*, *son?*

115. Qu'est-ce que les adjectifs indéfinis?

116. Quels sont les adjectifs indéfinis?

117. Qu'y a-t-il à remarquer sur la classification de *certain*, *nul*, *tel*, *tout*, *même*, *quelque?*

sont placés après le substantif, comme dans *un fait certain; un homme nul; votre sœur est telle que je la croyais.*

Tout, même, quelque, sont quelquefois adverbes.

Tout est quelquefois substantif, comme dans *le tout est plus grand que la partie.*

118. — *Chaque* ne peut s'employer qu'avec un substantif singulier, et *plusieurs* qu'avec un substantif pluriel.

§ VII. — *Degrés de qualification.*

119. — Il y a trois degrés de qualification : *le positif, le comparatif* et *le superlatif.*

120. — Le *positif* est la qualité exprimée purement et simplement, sans comparaison, comme dans *mon frère est grand.*

121. — Le *comparatif* est la qualité exprimée avec comparaison, comme dans *mon frère est plus grand que ma sœur.*

122. — Il y a trois sortes de comparatifs : le comparatif de supériorité, le comparatif d'égalité et le comparatif d'infériorité.

123. — Le *comparatif de supériorité* se forme en mettant *plus* avant le positif, comme dans *plus grand;* le *comparatif d'égalité,* en mettant *aussi* avant le positif, comme dans *aussi grand,* et le *comparatif d'infériorité,* en mettant *moins* avant le positif, comme dans *moins grand.*

124. — Le *superlatif* est la qualité exprimée au plus haut ou à un très haut degré.

125. — Il y a deux sortes de superlatifs : le superlatif relatif et le superlatif absolu.

126. — Le *superlatif relatif* exprime la qualité au plus haut ou au moins haut degré avec comparaison.

127. — Il y a deux sortes de superlatifs relatifs : le superlatif relatif de supériorité et le superlatif relatif d'infériorité.

Le *superlatif relatif de supériorité* se forme en mettant

---

118. Qu'y a-t-il à remarquer sur l'emploi de *chaque* et de *plusieurs?*

119. Combien y a-t-il de degrés de qualification?

120. Qu'est-ce que le positif?

121. Qu'est-ce que le comparatif?

122. Combien y a-t-il de comparatifs?

123. Comment se forme le comparatif de supériorité? — Id. d'égalité? — Id. d'infériorité?

124. Qu'est-ce que le superlatif?

125. Combien y a-t-il de sortes de superlatifs?

126. Qu'exprime le superlatif relatif?

127. Combien y a-t-il de sortes de superlatifs relatifs? — Comment se forme le superlatif relatif de supériorité? — Id. d'infériorité?

avant le positif *le plus, la plus, les plus, mon plus, ton plus*, etc., comme dans *le plus savant, mon plus fidèle ami.* Je compare cet ami à tous mes amis, et je dis qu'il les surpasse tous en fidélité.

Le *superlatif relatif d'infériorité* se forme en mettant avant le positif *le moins, la moins, les moins, mon moins*, etc., comme dans *le moins savant, mon moins bon habit.*

128. — Il n'y a pas de superlatif relatif d'égalité parce que, s'il y avait égalité, il ne pourrait y avoir supériorité ni en plus ni en moins, et alors ce ne serait pas un superlatif.

129. — Le *superlatif absolu* exprime la qualité à un très haut degré, mais sans comparaison. Il se forme en mettant avant le positif les adverbes *très, fort, extrêmement, infiniment.*

130. — *Le plus* et *le moins* marquent quelquefois un superlatif absolu quand il n'y a pas comparaison, comme dans *lors même qu'elle est le plus malade; lorsqu'ils sont le moins sages; quand elle est le plus en colère.* Dans ce cas *le plus* et *le moins* sont invariables.

131. — TABLEAU DES DEGRÉS DE QUALIFICATION RÉGULIERS.

POSITIF		riche.
COMPARATIF	*de supériorité*	plus riche.
	d'égalité	aussi riche.
	d'infériorité	moins riche.
SUPERLATIF RELATIF	*de supériorité*	le plus riche.
	d'infériorité	le moins riche.
SUPERLATIF ABSOLU		très riche, fort riche.

132. — Il y a trois adjectifs qui font leurs degrés de qualification irrégulièrement; ce sont : *bon, mauvais, petit.* Ils ne sont irréguliers qu'au comparatif de supériorité et au superlatif relatif de supériorité.

---

128. Pourquoi n'y a-t-il pas de superlatif relatif d'égalité ?

129. Qu'exprime le superlatif absolu ? — Comment se forme-t-il ?

130. *Le plus* et *le moins* expriment-ils toujours un superlatif relatif ?

131. Questions variées. Exemple : Quel est le comparatif d'égalité de *riche?* etc.

132. Quels sont les adjectifs qui font leurs degrés de qualification irrégulièrement ? — Sont-ils irréguliers à tous les degrés ?

133. — DEGRÉS DE QUALIFICATION IRRÉGULIERS.

POSITIF		bon,	mauvais,	petit.
COMP.	*de sup.*	*meilleur,*	*pire,* ou plus mauvais,	*moindre.* ou plus petit.
	d'égal.	aussi bon,	aussi mauvais,	aussi petit.
	d'inf.	moins bon,	moins mauvais,	moins petit.
SUPERL. RELAT.	*de sup.*	*le meilleur,*	*le pire,* ou le plus mauvais,	*le moindre,* ou le plus petit.
	d'inf.	le moins bon,	le moins mauvais,	le moins petit.
SUP. ABSOLU.		très bon,	très mauvais,	très petit.

134. — On ne peut pas dire *plus meilleur*, parce que le comparatif de supériorité se forme en mettant *plus* avant le positif, et comme *meilleur* est déjà un comparatif, il en résulte que *plus meilleur* signifierait *plus plus bon*. C'est par la même raison qu'on ne peut pas dire *plus pire, le plus pire.*

CHAPITRE VII

DES PRONOMS

§ I. — *Des pronoms en général et des personnes.*

135. — Les pronoms sont des mots que l'on met à la place des substantifs pour en éviter la répétition ou pour en rappeler l'idée. Exemples : *Charles est laborieux,* IL *travaille; Dieu* QUI *a créé le monde ;* dans ces phrases *il* et *qui* sont des pronoms, parce que *il* remplace *Charles* et *qui* rappelle l'idée de *Dieu.*

136. — On compte ordinairement six espèces de pronoms : les pronoms *personnels,* les pronoms *démonstratifs,* les pronoms *possessifs,* les pronoms *relatifs* ou *conjonctifs,* les pronoms *interrogatifs* et les pronoms *indéfinis.*

137. — On distingue en grammaire trois *personnes :* la pre-

---

133. Questions variées. Exemple : Comment *bon* fait-il au superl. relatif de sup. ? etc.

134. Pourquoi ne peut-on pas dire *plus meilleur, plus pire ?*

135. Qu'est-ce que les pronoms ?

136. Combien y a-t-il d'espèces de pronoms ?

137. Combien y a-t-il de personnes en grammaire ? — Qu'entend-on par première, deuxième et troisième personne ?

mière personne est celle qui parle, comme dans JE *chante;* la deuxième est celle à qui l'on parle, comme dans TU *chantes;* la troisième est celle de qui l'on parle, comme dans *l'enfant joue,* IL *chante.*

§ II. — *Pronoms personnels.*

138. — Les *pronoms personnels* sont ainsi appelés parce qu'ils semblent désigner les trois personnes plus particulièrement que les autres pronoms.

139. — Les pronoms personnels sont :

Pour la 1re personne : *je, me, moi;* pluriel *nous.*

Pour la 2e personne : *tu, te, toi;* pluriel *vous.*

Pour la 3e personne du singulier : *il, elle, lui, le, la, soi.*

Pour la 3e personne du pluriel : *ils, elles, leur, les, eux.*

Pour la 3e personne des deux nombres : *se, en, y.*

140. — Les mots *le, la, les* sont tantôt articles et tantôt pronoms. Ils sont articles quand ils déterminent un substantif, comme dans *le livre, la plume;* ils sont pronoms quand ils sont compléments d'un verbe, comme dans *je le vois, je la vois.*

141. — Le mot *leur* peut être adjectif possessif et pronom personnel. Il est adjectif possessif quand il détermine un substantif, comme dans *leur ami, leurs amis;* il est pronom personnel quand il est complément d'un verbe, comme dans *je leur écris;* dans ce cas c'est le pluriel de *lui.*

142. — Le mot *en* peut être pronom personnel ou préposition. Quand il est pronom personnel il signifie *de cela.* Exemple : *Avez-vous de l'argent? Oui, j'en ai;* c'est-à-dire, *j'ai de cela, de l'argent.*

143. — Le mot *y* peut être pronom personnel ou adverbe.

---

138. Qu'est-ce que les pronoms personnels ?

139. Quels sont les pronoms personnels de la première personne ? — Id. de la deuxième personne ? — Id. de la 3e personne du singulier ? — Id. de la 3e personne du pluriel ? — Id. de la 3e personne des deux nombres ?

140. Les mots *le, la, les* sont-ils toujours articles ? — Quand sont-ils articles ? — Quand sont-ils pronoms ?

141. Le mot *leur* est-il toujours pronom ? — Quand est-il adjectif ? — Quand est-il pronom ? — Quand *leur* est pronom, de quel mot est-il pluriel ?

142. Le mot *en* est-il toujours pronom ? — Que signifie le mot *en* quand il est pronom ?

143. Le mot *y* est-il toujours pronom ? — Que signifie le mot *y* quand il est pronom ?

Quand il est pronom personnel, il signifie *à cela*. Exemple : *Répondrez-vous à ma lettre? Oui, j'y répondrai ;* c'est-à-dire, *je répondrai à cela, à la lettre.*

144. — Les pronoms personnels *il, ils, le,* sont les seuls qui aient une forme particulière pour le féminin.

145. — Quand les pronoms personnels *je, me, te, le, la, se,* sont suivis d'une voyelle ou d'une *h* muette, on remplace la voyelle finale par une apostrophe, comme dans *j'aime, il m'aime*, etc.

146. — On appelle *pronoms composés* les pronoms formés d'un pronom personnel et de l'adjectif *même ;* ce sont :

Moi-même, toi-même, soi-même, lui-même, elle-même, nous-mêmes, vous-mêmes, eux-mêmes, elles-mêmes.

147. — Les pronoms personnels *me, te, se, nous, vous,* sont aussi appelés *pronoms réfléchis*, quand ils expriment un *retour* de l'action sur la personne qui la fait, comme dans *je* ME *parle, tu* TE *trompes, il* SE *fâche, nous* NOUS *promenons, vous* VOUS *battez.*

§ III. — *Pronoms démonstratifs.*

148. — Les *pronoms démonstratifs* sont ceux qui rappellent le substantif en y ajoutant une idée de démonstration ou d'indication. Ils sont tous de la 3e personne. Ce sont :

Ce, celui, celle, ceux, celles ;
Ceci, celui-ci, celle-ci, ceux-ci, celles-ci ;
Cela, celui-là, celle-là, ceux-là, celles-là.

149. — Le mot *ce* peut être adjectif ou pronom démonstratif. Quand il est adjectif, il détermine toujours un substantif, comme dans *ce livre;* quand il est pronom, il est toujours avant un verbe ou un autre pronom, et peut être remplacé par *cela*, comme dans *c'est vrai, ce doit être, ce que je dis.*

150. — L'adjectif *ce*, avant une voyelle ou une *h* muette, prend un *t* final, comme dans *cet arbre;* dans le pronom *ce,* on remplace l'*e* par une apostrophe, comme dans *c'est vrai.*

---

144. Quels sont les pronoms personnels qui ont une forme pour le féminin ?

145. Qu'y a-t-il à remarquer sur les pronoms *je, me, te, le, la, se* avant une voyelle ou une *h* muette ?

146. Qu'appelle-t-on pronoms composés ? — Quels sont-ils ?

147. Quels pronoms sont quelquefois appelés pronoms réfléchis ?

148. Qu'est-ce que les pronoms démonstratifs ? — Quels sont-ils ?

149. Le mot *ce* est-il toujours pronom ? — Comment distingue-t-on *ce* pronom de *ce* adjectif ?

150. Qu'y a-t-il à remarquer sur le mot *ce* avant une voyelle ou une *h* muette ?

151. — L'adjectif *ce* fait au pluriel *ces : ce livre, ces livres;* le pronom *ce* ne change pas au pluriel : *c'est lui, ce sont eux.*

152. — *Ceci, celui-ci,* etc., se rapportent aux choses les plus proches, et *cela, celui-là,* etc., aux choses les plus éloignées. Exemple : *Charles et Louis sont de bons enfants; mais* CELUI-CI *est plus raisonnable que* CELUI-LA.

§ IV. — *Pronoms possessifs.*

153. — Les *pronoms possessifs* sont ceux qui rappellent le substantif en y ajoutant une idée de possession. Ce sont :

Le mien,	la mienne,	les miens,	les miennes;
Le tien,	la tienne,	les tiens,	les tiennes;
Le sien,	la sienne,	les siens,	les siennes;
Le nôtre,	la nôtre,	les nôtres,	les nôtres;
Le vôtre,	la vôtre,	les vôtres,	les vôtres;
Le leur,	la leur,	les leurs,	les leurs.

154.— *Notre, votre, leur,* peuvent être adjectifs ou pronoms possessifs. Quand ils sont adjectifs, ils déterminent toujours un substantif, comme dans *notre livre;* quand ils sont pronoms, ils sont toujours précédés des articles *le, la, les,* et remplacent un substantif, comme dans *à qui est ce livre? c'est le nôtre.* Dans ce cas *nôtre* et *vôtre* prennent un accent circonflexe.

§ V. — *Pronoms relatifs.*

155.— Les *pronoms relatifs* sont ceux qui rappellent l'idée d'un nom ou d'un pronom qui les précède immédiatement.

Ces pronoms sont : *qui, que, quoi, dont, où, lequel, laquelle, lesquels, lesquelles, duquel, auquel,* etc.

156. — On appelle *antécédent* du pronom relatif le substantif ou le pronom qui le précède immédiatement et dont il rappelle l'idée. Dans *l'homme qui parle, l'homme* est l'antécédent du relatif *qui.*

157. — Les pronoms *qui, que, quoi, dont, où,* ne changent pas de forme selon le genre et le nombre; mais ils n'en sont pas moins masculins ou féminins, singuliers ou pluriels, selon le genre et le nombre de leur antécédent.

---

151. Comment l'adjectif et le pronom *ce* font-ils au pluriel?

152. Quelle différence y a-t-il entre *celui-ci* et *celui-là ?*

153. Qu'est-ce que les pronoms possessifs? — Quels sont-ils?

154. Comment distingue-t-on quand *notre, votre, leur* sont adjectifs ou pronoms possessifs? — Quand *nôtre* et *vôtre* prennent-ils un accent *circonflexe ?*

155. Qu'est-ce que les pronoms relatifs? — Quels sont-ils?

156. Qu'appelle-t-on *antécédent* du pronom relatif?

157. Quels sont les pronoms relatifs qui ne changent pas de forme?

158. — Le mot *que* peut être pronom relatif, pronom interrogatif, adverbe ou conjonction, selon le sens.

On reconnaît qu'il est pronom relatif quand on peut y substituer *lequel, laquelle, lesquels, lesquelles; le livre* QUE *je lis*, c'est-à-dire *le livre lequel je lis*.

159. — Le mot *où* peut être pronom relatif ou adverbe.

On reconnaît qu'il est pronom relatif quand on peut y substituer *dans lequel, dans laquelle*, etc. *La chambre où je couche*, c'est-à-dire *la chambre dans laquelle je couche*.

§ VI. — *Pronoms interrogatifs.*

160. — Les *pronoms interrogatifs* sont ceux qui servent à interroger. Ce sont les mêmes que les pronoms relatifs : *qui, que, quoi, lequel*, etc., excepté *dont*. C'est pourquoi la plupart des grammairiens n'en font pas une classe distincte.

161. — On distingue les pronoms interrogatifs des pronoms relatifs, en ce qu'ils n'ont pas d'antécédent et qu'on peut les remplacer par *quelle personne* ou *quelle chose*. Exemples : *Qui êtes-vous?* c'est-à dire *quelle personne êtes-vous? Que faites-vous?* c'est-à-dire *quelle chose faites-vous?*

§ VII. — *Pronoms indéfinis.*

162. — Les *pronoms indéfinis* sont ceux qui rappellent l'idée des personnes ou des choses d'une manière vague et indéterminée. Ce sont : *on, quiconque, quelqu'un, chacun, autrui, l'un l'autre, l'un et l'autre, qui que ce soit, personne, il, le, aucun, nul, plusieurs, tel, certain.*

163. — Le mot *on* est une altération du mot *homme*, dont on a fait successivement *hom, om* et *on*.

164. — Le mot *personne* peut être substantif ou pronom indéfini. Quand il est substantif, il est féminin et peut être précédé d'un article, comme dans *la personne est arrivée*. Quand il est pronom, il est masculin et n'a point d'article, comme dans *Personne n'est arrivé.*

---

158. A quelles espèces de mots peut appartenir le mot *que?* — Comment reconnaît-on que le mot *que* est pronom relatif?

159. Que peut être le mot *où?* — Comment reconnaît-on que *où* est pronom relatif?

160. Qu'est-ce que les pronoms interrogatifs? — Quels sont les pronoms interrogatifs?

161. Comment reconnaît-on les pronoms interrogatifs?

162. Qu'est-ce que les pronoms indéfinis? — Quels sont les pronoms indéfinis?

163. Quelle est l'origine du pronom *on?*

164. Qu'y a-t-il à remarquer sur le mot *personne?*

165. — Le mot *il* est pronom indéfini quand il est sujet d'un verbe impersonnel, comme dans *il faut, il pleut.*

166. — Le mot *le* est pronom indéfini quand il remplace un membre de phrase et qu'il signifie *cela.* Exemple : *Croyez-vous qu'il pleuvra demain? Je le crois;* c'est-à-dire *je crois cela, qu'il pleuvra demain.*

167. — Il ne faut pas confondre *chaque* et *chacun. Chaque* est un adjectif indéfini qui doit être joint à un substantif, comme dans *chaque homme; chacun* est un pronom indéfini qui ne peut être joint à un substantif, comme dans *Ces livres coûtent cinq francs chacun.* Ce serait une faute de dire : *Ces livres coûtent cinq francs chaque.*

CHAPITRE VIII

DES VERBES

§ I. — *Des verbes en général. — Des modes.*

168. — Les verbes sont des mots qui expriment l'action ou l'état.

169. — On reconnaît qu'un mot est un verbe quand on peut le faire précéder des pronoms *je, tu, il;* ainsi *chanter* est un verbe parce qu'on peut dire : *je chante, tu chantes, il chante.*

170. — On compte ordinairement dans les verbes cinq modes ou cinq manières de présenter l'action. Ce sont : *l'infinitif, l'indicatif,* le *conditionnel, l'impératif* et le *subjonctif.*

171. — L'*infinitif* est le mode qui présente l'action d'une manière vague, sans désignation de nombre ni de personne, comme *écrire, parler.*

---

165. Quand le mot *il* est-il pronom indéfini ?

166. Quand le mot *le* est-il pronom indéfini ?

167. Quelle différence y a-t-il entre *chaque* et *chacun?*

168. Qu'est-ce que les verbes ?

169. Comment reconnaît-on qu'un mot est un verbe ?

170. Combien y a-t-il de modes dans les verbes ? — Quels sont-ils ?

171. Qu'est-ce que l'infinitif ?

172. — L'*indicatif* est le mode par lequel on affirme qu'une chose est, a été ou qu'elle sera, comme dans *je chante, j'ai chanté, je chanterai.*

173. — Le *conditionnel* est le mode qui exprime qu'une chose serait ou aurait été moyennant une condition, comme dans *je chanterais si je n'étais pas enrhumé.*

174. – L'*impératif* est le mode qui exprime une prière ou un commandement, comme dans *chante, sortez d'ici, exaucez-nous.*

175. —Le *subjonctif* est le mode qui présente l'action comme douteuse, subordonnée et dépendante d'un autre verbe déjà énoncé, comme dans *il faut que je parle; je veux que tu viennes; je crains qu'il n'arrive.*

176. —On entend par *modes personnels* les modes qui ont des personnes. Il y a par conséquent quatre modes personnels: l'*indicatif*, le *conditionnel*, l'*impératif* et le *subjonctif*, et un mode impersonnel qui est l'*infinitif*.

§ II. — *Des temps.*

177. — On distingue dans les verbes trois temps principaux: *le présent, le passé* et *le futur.*

178. — Le *présent* est quand l'action a lieu au moment où l'on parle, comme *je chante;* le *passé* quand elle a eu lieu dans un temps passé, comme *j'ai chanté hier;* le *futur* quand elle aura lieu dans un temps à venir, comme *je chanterai demain.*

179. — Quoiqu'il n'y ait que trois temps principaux, on en compte ordinairement vingt-deux dans les verbes, parce qu'il y a plusieurs sortes de présents, de passés et de futurs.

180. — Il y a dans chaque temps trois personnes pour le singulier et trois pour le pluriel, excepté à l'impératif, à l'infinitif, et dans tous les temps des verbes unipersonnels.

---

172. Qu'est-ce que l'indicatif?

173. Qu'est-ce que le conditionnel?

174. Qu'est-ce que l'impératif?

175. Qu'est-ce que le subjonctif?

176. Combien y a-t-il de modes personnels et de modes impersonnels?

177. Combien y a-t-il de temps principaux?

178. Qu'est-ce que le présent? — Id. le passé? — Id. le futur?

179 Combien compte-t-on ordinairement de temps dans les verbes?

180. Combien y a-t-il de personnes dans chaque temps? — Quel est le mode dont les temps n'ont point de personnes?

181. — On distingue deux espèces de temps : les temps simples et les temps composés.

Les *temps simples* sont ceux qui sont formés d'un seul mot et sans le secours d'un autre verbe, comme *je chante.*

Les *temps composés* sont ceux dans la formation desquels il entre un des temps du verbe *être* ou du verbe *avoir*, que l'on appelle pour cette raison *verbes auxiliaires*, comme dans *j'ai chanté, je suis parti.*

182.—Le mode infinitif renferme cinq temps : le *présent*, comme *chanter;* le *passé*, comme *avoir chanté;* le *futur*, comme *devoir chanter;* le *participe présent*, comme *chantant*, et le *participe passé*, comme *chanté*. On supprime souvent le futur.

183. — Le mode indicatif renferme huit temps : le présent; l'imparfait ou passé simultané; le passé, parfait ou prétérit défini; le passé, parfait ou prétérit indéfini; le passé, parfait ou prétérit antérieur; le plus-que-parfait; le futur simple; le futur passé ou antérieur.

184. — Le *présent de l'indicatif* exprime une action faite au moment où l'on parle, comme dans *je lis.*

185. — L'*imparfait* exprime une action passée qui se faisait en même temps qu'une autre chose avait lieu, comme dans *je lisais quand vous êtes entré.*

186. — Le *passé défini* exprime une action passée faite dans un temps déterminé et entièrement écoulé, comme dans *je répondis à votre lettre la semaine dernière.*

187. — Le *passé indéfini* exprime une action faite dans un temps non déterminé ou dans une période non écoulée, comme dans *j'ai fini mon travail; j'ai reçu un cadeau cette année.*

188. — Le *passé antérieur* exprime une action qui a eu lieu avant une autre dans un temps passé. Exemple : *je partis quand j'eus fini mon ouvrage.*

189. — Le *plus-que-parfait* exprime une action qui était

---

181. Combien y a-t-il d'espèces de temps ? — Qu'appelle-t-on *temps simples ?* — Qu'appelle-t-on *temps composés ?*

182. L'infinitif renferme combien de temps ? — Quels sont-ils ?

183. L'indicatif renferme combien de temps ? — Quels sont-ils ?

184. Qu'exprime le présent de l'indicatif ?

185. Qu'exprime l'imparfait de l'indicatif ?

186. Qu'exprime le passé défini ?

187. Qu'exprime le passé indéfini ?

188. Qu'exprime le passé antérieur ?

189. Qu'exprime le plus-que-parfait ?

achevée quand une autre a eu lieu. Exemple : *j'avais chanté quand vous êtes entré*, c'est-à-dire *j'avais fini de chanter*.

190. — Le *futur simple* exprime une action à venir : Exemple : *je partirai la semaine prochaine*.

191. — Le *futur passé* ou *antérieur* exprime une action qui sera achevée quand une autre aura lieu ou simplement dans un temps à venir déterminé. Exemple : *j'aurai fini quand vous viendrez ; j'aurai fini demain*.

192. — Le mode conditionnel renferme trois temps : le présent, le passé et le second passé.

193. — Le *présent* du conditionnel exprime une action qui aurait lieu dans le moment où l'on parle moyennant une condition. Exemple : *je chanterais si je n'étais pas enrhumé*.

194. — Le *passé* du conditionnel exprime une action qui aurait eu lieu dans un temps passé moyennant une condition. Exemple : *j'aurais chanté hier si je n'avais pas été enrhumé*.

195. — Le mode impératif n'a ordinairement qu'un temps qui est le *présent*, comme *parle ;* quelques personnes y ajoutent le *passé*, comme *aie parlé*.

196. — L'impératif n'a point de première personne au singulier, parce qu'en se commandant à soi-même, c'est comme si l'on parlait à quelqu'un, et par conséquent ce serait à la seconde personne.

197. — On supprime aussi en général les troisièmes personnes de l'impératif, parce qu'elles sont semblables, pour la forme et pour le sens, aux troisièmes personnes du présent du subjonctif.

198. — Le mode subjonctif a quatre temps : le présent, l'imparfait, le passé et le plus-que parfait.

§ III. — *Du sujet et du régime.*

199. — Le sujet est la personne ou la chose qui fait l'action, ou qui est dans l'état exprimé par le verbe.

---

190. Qu'exprime le futur simple ?
191. Qu'exprime le futur passé ?
192. Le conditionnel renferme combien de temps ?
193. Qu'exprime le présent du conditionnel ?
194. Qu'exprime le passé du conditionnel ?
195. L'impératif renferme combien de temps ?
196. Quel est le temps qui n'a point de première personne au singulier ?
197. Quelles personnes supprime-t-on quelquefois à l'impératif ? — Pourquoi ?
198. Le subjonctif renferme combien de temps ?
199. Qu'appelle-t-on sujet d'un verbe ?

200.— Le sujet est quelquefois sous-entendu, comme dans *il boit et mange bien;* c'est comme s'il y avait *il boit et il mange bien.*

201. — La place naturelle du sujet est avant le verbe ; mais il est quelquefois placé après par inversion, comme dans *Irons*-NOUS? *Le livre que lit* MA SOEUR.

202. — On reconnaît le sujet d'un verbe en faisant la question *qui est-ce qui?* le mot qui y répond est le sujet.

Exemple : *Dieu voit tout.* Qui est-ce qui *voit tout?* Rép. *Dieu. Dieu* est le sujet du verbe *voir.*

203. — Le *régime* ou *complément* d'un verbe est la personne ou la chose qui reçoit l'action exprimée par le verbe.

204.— Les verbes ont deux espèces de régimes : le régime direct et le régime indirect.

205. — Le *régime direct* est la personne ou la chose qui reçoit directement l'action exprimée par le verbe.

206. — On reconnaît le régime direct en faisant la question *qui?* pour les personnes et *quoi?* pour les choses. Exemple : *Il chante une chanson; il chante* QUOI? Réponse : *Une chanson.*

207. — Le *régime indirect* est la personne ou la chose qui reçoit indirectement l'action exprimée par le verbe. Il est toujours précédé d'une préposition.

208.—On reconnaît le régime indirect en faisant une des questions : *à qui? de qui? avec qui? à quoi? de quoi? avec quoi?* etc. Le mot qui y répond est le régime indirect. Exemple : *Je donne un livre à ma sœur; je donne* A QUI? Réponse : *A ma sœur.*

209. — Le substantif employé dans un sens partitif peut être régime direct malgré la préposition *de.* Exemple : *Je mange* DE LA SOUPE ; *de la soupe* est régime direct, parce qu'il répond à la question *quoi? Je mange* QUOI? Réponse : *De la soupe.*

210. — La place naturelle du régime direct est après le

---

200. Le sujet est-il toujours exprimé ?

201. Quelle est la place naturelle du sujet?

202. Comment reconnaît-on le sujet d'un verbe ?

203. Qu'appelle-t-on régime ou complément d'un verbe ?

204. Combien les verbes peuvent-ils avoir d'espèces de régimes ?

205. Qu'entend-on par *régime direct?*

206. Comment reconnaît-on le régime direct ?

207. Qu'est-ce que le régime indirect ? — De quoi le régime indirect est-il précédé ?

208. Comment reconnaît-on le régime indirect ?

209. Dans quel cas le regime direct peut-il être précédé d'une préposition ?

210. Quelle est la place naturelle du régime direct et du régime indirect ?

verbe, et celle du régime indirect est après le régime direct; mais ils se trouvent souvent placés dans un autre ordre ou avant le verbe par inversion. Exemples : *je* vous *parle;* le pronom *vous* est le régime indirect du verbe *parler*. *Le pain* QUE *je mange*, le pronom relatif *que*, rappelant l'idée de *pain*, est le régime direct du verbe *manger*.

211. — Les mots qui peuvent être sujets ou régimes sont: les substantifs, les pronoms, un verbe à l'infinitif et quelquefois un membre de phrase. Exemple :

L'ENFANT *joue ; caresser* L'ENFANT ; VOUS *parlez ; je* VOUS *parle ;* TRAVAILLER *est nécessaire ; je veux* ÉTUDIER ; CELUI QUI PERD SON TEMPS *est paresseux ; Dieu aime* CELUI QUI FAIT LE BIEN.

212. — Parmi les pronoms il y en a qui sont toujours sujets, d'autres toujours régimes, et d'autres tantôt sujets et tantôt régimes.

213. — Les pronoms qui sont toujours sujets sont : *je, tu, il, ils, qui, on.*

Ceux qui sont toujours régimes sont : *me, moi, te, toi, se, soi, eux, le, la, les , lui, leur, en, y, que.*

Ceux qui sont tantôt sujets et tantôt régimes sont : *nous, vous, elle, elles, ce, ceci, cela*, et tous les autres pronoms.

Exemples : Dans *nous parlons, nous* est sujet, parce qu'il répond à la question *qui est ce qui? Qui est-ce qui parle?* R. *nous.* — Dans *Dieu nous voit*, *nous* est régime direct parce qu'il répond à la question *qui? Dieu voit qui?* R. *nous.* — Dans *vous vous trompez*, le premier *vous* est sujet et le second est régime direct. *Qui est-ce qui se trompe?* R. *vous. Vous trompez qui?* R. *vous.* — Dans *elle lit*, *elle* est sujet ; dans *j'aime elle et son frère*, *elle* est régime direct.

214. — Parmi les pronoms régimes, les mots *le, la, les, que*, sont toujours régimes directs ; *moi, toi, soi, lui, leur, en, y,*

---

211. Quels sont les mots qui peuvent être sujets ou régimes ?

212. Tous les pronoms peuvent-ils être sujets et régimes ?

213. Quels sont les pronoms qui sont toujours sujets ? — Quels sont ceux qui sont toujours régimes ? — Quels sont ceux qui sont tantôt sujets et tantôt régimes ?

214. Quels sont les pronoms qui sont toujours régimes directs ? — Quels sont ceux qui sont toujours régimes indirects ? — Quels sont ceux qui sont tantôt régimes directs et tantôt régimes indirects ?

Dans *je me flatte*, qu'est-ce que le mot *me* par rapport au verbe *flatter ?*

Dans *tu me parles*, qu'est-ce qu'est le mot *me* par rapport au verbe *parler ?* (Questions analogues sur les autres pronoms).

quoi, *dont*, *où*, sont toujours régimes indirects ; *me*, *te*, *se*, *nous*, *vous*, sont tantôt régimes directs, tantôt régimes indirects.

Exemples : Dans *je me flatte*, *me* est régime direct, parce qu'il répond à la question *qui?* *je flatte* QUI ? R. *me* ou *moi*. Dans *tu me parles*, *me* est régime indirect parce qu'il répond à la question *à qui?* *tu parles* A QUI ? *à moi* (1).

§ IV. — *Des conjugaisons.*

215. — *Conjuguer* un verbe c'est le dire dans tous les modes et dans tous les temps.

216. — On appelle *conjugaisons* les différents modèles d'après lesquels se conjuguent tous les verbes.

217. — Il y a en français quatre conjugaisons, c'est-à-dire quatre modèles auxquels se rapportent tous les verbes.

218. — On reconnaît la conjugaison des verbes par la terminaison du présent de l'infinitif. La première conjugaison a l'infinitif terminé en *er* comme *chanter*, la deuxième en *ir* comme *finir*, la troisième en *oir* comme *recevoir*, et la quatrième en *re* comme *rendre*.

219. — On appelle *verbes réguliers* ceux qui se conjuguent exactement d'après le modèle de la conjugaison à laquelle ils appartiennent.

220. — Les verbes *irréguliers* sont ceux qui ne se conjuguent pas exactement d'après le modèle de leur conjugaison.

221. — Les verbes *défectifs* sont ceux auxquels il manque certains temps ou certaines personnes.

§ V. — *Des racines et des finales.*

222. — On distingue deux parties dans l'orthographe d'un verbe : le radical ou la racine, et la terminaison ou la finale.

223. — La *racine* est la partie invariable d'un verbe, et celle qui en renferme l'idée principale.

---

215. Qu'est-ce que conjuguer un verbe ?

216. Qu'appelle-t-on conjugaisons ?

217. Combien y a-t-il de conjugaisons en français ?

218. Comment reconnaît-on la conjugaison à laquelle appartient un verbe ? — Comment chaque conjugaison est-elle terminée à l'infinitif ?

219. Qu'entend-on par verbes réguliers ?

220. Qu'entend-on par verbes irréguliers ?

221. Qu'appelle-t-on verbes défectifs ?

222. Combien distingue-t-on de parties dans l'orthographe des verbes ?

223. Qu'est-ce que la racine d'un verbe ?

(1) Dans les exercices d'analyse placés à la fin de cet ouvrage, on trouvera des exemples de tous les cas des pronoms sujets et régimes.

223 bis. — La *racine absolue* est la partie qui reste quand on retranche la terminaison de l'infinitif. On l'appelle ainsi, parce que c'est la racine fondamentale du verbe, et pour la distinguer de la racine particulière de chaque temps ; ainsi celle de *chant*ER est *chant*, celle de *fin*IR est *fin*, celle de *recev*OIR est *recev*, celle de *rend*RE est *rend*.

224. — La *finale*, appelée aussi *désinence*, est la partie du verbe qui est à la fin du mot et qui varie selon le nombre, la personne et le temps du verbe, comme dans *chant*ER, *je chant*E, *nous chant*ONS, *je chant*AIS, *je chant*ERAI, etc.

225. — Les finales du présent de l'indicatif sont:
Pour la première conjugaison : *e, es, e, ons, ez, ent.*
Pour la seconde : *is, is, it, ons, ez, ent.*
Pour la troisième : *ois, ois, oit, ons, ez, ent.*
Pour la quatrième : *s, s, t, ons, ez, ent.*

226. — On ne met pas de *t* à la troisième personne du singulier du présent de l'indicatif des verbes de la première conjugaison et de ceux dont la racine de cette personne est terminée par *d, t* ou *c ;* comme dans : *il vend, il met, il ment, il vainc.*

227. — Les finales de l'imparfait de l'indicatif sont:
Pour toutes les conjugaisons : *ais, ais, ait, ions, iez, aient.*

228. — Les finales du passé défini sont:
Pour la première conjugaison : *ai, as, a, âmes, âtes, èrent.*
Pour la seconde : *is, is, it, îmes, îtes, irent.*
Pour la troisième : *us, us, ut, ûmes, ûtes, urent.*
Pour la quatrième : *is, is, it, îmes, îtes, irent.*

229. — Les finales du futur simple sont:
Pour les quatre conjugaisons : *ai, as, a, ons, ez, ont.*

230. — Les finales du présent du conditionnel sont :
Pour les quatre conjugaisons : *ais, ais, ait, ions, iez, aient.*

231. — Les finales du présent du subjonctif sont :
Pour les quatre conjugaisons : *e, es, e, ions, iez, ent.*

---

223 *bis.* Qu'appelle-t-on *racine absolue ?* — Comment trouve-t-on la racine absolue ?

224. Qu'est-ce que la finale ?

225. Quelles sont les finales du présent de l'indicatif?

226. Quels sont les verbes qui n'ont pas de *t* à la finale de la troisième personne du présent de l'indicatif ?

227. Quelles sont les finales de l'imparfait de l'indicatif ?

228. Quelles sont les finales du passé défini ?

229. Quelles sont les finales du futur simple ?

230. Quelles sont les finales du présent du conditionnel ?

231. Quelles sont les finales du présent du subjonctif ?

232. — Les finales de l'imparfait du subjonctif sont :
Pour la première conjugaison : *asse*, *asses*, *ât*, *assions*, *assiez*, *assent*.
Pour la seconde : *isse*, *isses*, *ît*, *issions*. *issiez*. *issent*.
Pour la troisième : *usse*, *usses*, *ût*, *ussions*, *ussiez*, *ussent*.
Pour la quatrième : *isse*, *isses*, *ît*. *issions*, *issiez*, *issent*.

233. — Les temps dont les finales sont semblables dans les quatre conjugaisons sont : l'imparfait de l'indicatif, le futur simple, le présent du conditionnel et le présent du subjonctif.

§ VI. — *Formation des temps.*

234. — On distingue parmi les temps d'un verbe : les temps primitifs et les temps dérivés.

Les *temps primitifs* sont ceux qui servent à former les autres temps au moyen du même radical et de quelques changements dans la finale.

Les *temps dérivés* sont ceux qui sont formés des temps primitifs.

235. — Il y a cinq temps primitifs qui sont : le présent de l'infinitif, le participe présent, le participe passé, le présent de l'indicatif et le passé défini.

236. — Le *present de l'infinitif* forme le futur et le présent du conditionnel en ajoutant *ai*, *ais* pour la première et la deuxième conjugaison, et en changeant les finales *oir* et *re* en *rai*, *rais* pour la troisième et la quatrième. Exemple : *chant* ER, je chanter *ai*, je chanter *ais* ; *fin* IR, je finir *ai*, je finir *ais* ; *recev* OIR, je recev *rai*, je recev *rais* ; *rend* RE, je rend *rai*, je rend *rais*.

237. — Le *participe présent* forme les trois personnes plurielles du présent de l'indicatif, l'imparfait de l'indicatif et le présent du subjonctif, en changeant la finale *ant* en *ons*, *ez*, *ent* ; *ais*, *ais*, *ait*, *ions*, *iez*, *aient* ; *e*, *es*, *e*, *ions*. *iez*, *ent*.

---

232. Quelles sont les finales de l'imparfait du subjonctif ?
233. Quels sont les temps dont les finales sont les mêmes dans toutes les conjugaisons ?
234. Qu'appelle t-on temps primitifs et temps dérivés ?
235. Combien y a-t-il de temps primitifs ? — Quels sont-ils ?
236. Quels temps forme le présent de l'infinitif ?
De quel temps est formé le futur simple ? — Comment ?
De quel temps est formé le présent du conditionnel ? — Comment ?
237. Quel temps forme le participe présent ?
De quel temps sont formées les trois personnes du pluriel du présent de l'indicatif ? — Comment ?
De quel temps est formé l'imparfait de l'indicatif ? — Comment ?
De quel temps est formé le présent du subjonctif ? — Comment ?

Exemple : *Finiss* ANT, nous finiss *ons*, vous finiss *ez*, ils finiss *ent* ; je finiss *ais* ; que je finiss *e*.

Remarque. Les verbes réguliers de la troisième conjugaison ne suivent cette règle que pour l'imparfait de l'indicatif, et les deux premières personnes du pluriel du présent de l'indicatif et du subjonctif. Ex : *recev* ANT, nous recev *ons*, vous recev *ez*, ils reçoiv *ent* ; je recev *ais* ; que je reçoiv *e*, que tu reçoiv *es*, qu'il reçoiv *e*, que nous recev *ions*, que vous recev *iez*, qu'ils reçoiv *ent*.

238. — Le *participe passé* forme tous les temps composés en l'ajoutant aux temps du verbe auxiliaire.

239. — Le *présent de l'indicatif* forme la deuxième personne du singulier et les deux premières personnes du pluriel de l'impératif, en retranchant les pronoms.

240. — Dans les verbes de la première conjugaison on supprime l'*s* finale de la deuxième personne du singulier de l'impératif ; on ne la conserve que par euphonie quand le mot suivant commence par une voyelle. Exemples : *cherche, cherches-en* ; *va, vas-y*.

241. — Lorsque l'on admet des troisièmes personnes à l'impératif, elles sont toujours semblables aux troisièmes personnes du présent du subjonctif.

242. — Le *passé défini* forme l'imparfait du subjonctif en changeant *ai* en *asse, asses, ât, assions, assiez, assent*, pour la première conjugaison, et en ajoutant *se, ses*, etc., pour les trois autres. Exemple : je *chant* AI, que je chant *asse* ; je *finis*, que je finis *se* ; je *reçus*, que je reçus *se* ; je *rendis*, que je rendis *se*.

§ VII. — *Des formes des verbes.*

243. — On appelle *forme affirmative* ou *positive* celle que prend le verbe quand on dit que l'action a lieu, comme dans *je reçois*.

244. — La *forme négative* est celle que prend le verbe quand on dit que l'action n'a pas lieu, comme dans *je ne reçois pas*.

---

238. Quels temps forme le participe passé ?

239. Quel temps forme le présent de l'indicatif ?

240. Qu'y a-t-il à remarquer sur l'impératif de la première conjugaison ?

241. Qu'y a-t-il à remarquer sur les troisièmes personnes de l'impératif ?

242. Quel temps forme le passé défini ? — Comment se forme l'imparfait du subjonctif de la première conjugaison ? — Id. de la seconde ? — Id. de la troisième ? — Id. de la quatrième ?

243. Qu'appelle-t-on *forme affirmative* ?

244. Qu'appelle-t-on *forme négative* ?

245. — La *forme interrogative* est celle que prend le verbe quand on demande si l'action a lieu, comme dans *reçois-je ?*

246. — La *forme mixte* est celle que prend le verbe quand la forme négative et la forme interrogative sont réunies, comme dans *ne reçois-je pas ?*

247.—Les verbes à la forme interrogative et à la forme mixte ne peuvent se conjuguer qu'à l'indicatif et au conditionnel.

248.—La négation est exprimée en français par deux mots: *ne* et *pas* ou un autre mot ayant un sens négatif, comme *point, rien, jamais, personne, aucun, nul, guère, plus.*

249. — Le premier mot de la négation *ne* est toujours exprimé ; le second *pas* est quelquefois sous-entendu, comme dans : *je ne sais, je ne puis.*

250.—Dans la forme interrogative de la première conjugaison, l'*e* final de la première personne du singulier du présent de l'indicatif prend un accent aigu par euphonie. On dit *chanté-je?* au lieu de *chante-je?* Il en est de même dans les autres verbes et dans les autres temps quand la première personne est terminée par un *e* muet, comme dans *couvré-je? eussé-je chanté?*

251. — Dans les verbes de la deuxième et de la quatrième conjugaison, lorsque la forme interrogative présente une consonnance désagréable ou une équivoque, on se sert de *est-ce que;* ainsi l'on dit : *Est-ce que je cours? Est-ce que je rends? Est-ce que je vends?* au lieu de : *Cours-je? Rends-je? Vends-je?*

252.— La *forme passive* est celle que prend le verbe lorsque l'action retombe sur le sujet, comme dans : *Je suis battu, tu étais aimé, il a été trahi.*

253. — Le passif d'un verbe se forme en ajoûtant le participe passé de ce verbe à tous les temps du verbe *être.*

---

245. Qu'appelle-t-on *forme interrogative ?*

246. Qu'appelle-t-on *forme mixte ?*

247. Les verbes à la forme interrogative et à la forme mixte se conjuguent-ils à tous les modes ?

248. Par combien de mots la négation est-elle exprimée en français? — Quel est le premier mot de la négation? — Quel est le second ?

249. Quel est le mot de la négation qui est toujours exprimé ? — Quel est celui qui est quelquefois sous-entendu ?

250. Qu'y a t-il à remarquer sur la première personne du singulier du présent de l'indicatif de la première conjugaison à la forme interrogative et à la forme mixte ?

251. Même question sur certains verbes de la seconde et de la quatrième conjugaison.

252. Qu'appelle-t-on *forme passive?*

253. Comment se forme le passif des verbes ?

254. — Les verbes actifs peuvent seuls se conjuguer passivement.

§ VIII. — *Différentes espèces de verbes.*

255. — On compte ordinairement deux espèces de verbes : *Le verbe simple*, appelé aussi *verbe substantif*, et *les verbes composés*, appelés aussi *verbes attributifs*.

256. — Il n'y a qu'un seul verbe substantif, qui est le verbe *être*. Cette qualification n'a aucun rapport avec les mots appelés *substantifs*, c'est pour cette raison qu'on l'appelle quelquefois *verbe simple*.

257.—Les *verbes composés* ou *attributifs* comprennent tous les verbes autres que le verbe *être*. On les appelle *composés* ou *attributifs* parce qu'ils renferment en eux l'idée du verbe *être* et d'un attribut ; ainsi *manger* c'est *être mangeant* ; *lire* c'est *être lisant*.

258. — On distingue quatre espèces de verbes attributifs : *les verbes actifs* ou *transitifs, les verbes neutres* ou *intransitifs, les verbes réfléchis* ou *pronominaux*, et *les verbes impersonnels* ou *unipersonnels*.

259. — Il y a deux verbes qu'on appelle VERBES AUXILIAIRES quand ils servent à conjuguer les autres verbes dans les temps composés ; ce sont le verbe *être* et le verbe *avoir*.

260. — Le verbe *être* est appelé *verbe auxiliaire* quand il sert à conjuguer un autre verbe, comme dans : *Je suis parti*. Il est verbe substantif quand il marque l'existence et qu'il ne sert point à conjuguer un autre verbe, comme dans : *Dieu est juste*.

261.—LES VERBES ACTIFS OU TRANSITIFS sont ceux qui peuvent avoir un régime direct.

262. — On reconnaît qu'un verbe est actif quand on peut mettre après lui *quelqu'un* ou *quelque chose*. *Prendre* est un verbe actif, parce qu'on peut dire *prendre quelque chose*.

---

254. Quels sont les verbes qui peuvent se conjuguer passivement ?

255. Combien y a-t-il d'espèces de verbes ?

256. Combien y a-t-il de verbes substantifs ? — La qualification de *verbe substantif* donnée au verbe *être* a-t-elle quelque rapport avec les noms ou substantifs ?

257. Quels sont les verbes appelés *composés* ou *attributifs ?* — Pourquoi les appelle-t-on *composés ?*

258. Combien y a-t-il d'espèces de verbes attributifs ?

259. Qu'appelle-t-on *verbes auxiliaires ?* — Combien y a-t-il de verbes auxiliaires ? — Quels sont ils ?

260. Le verbe *être* est-il toujours *verbe substantif ?* — Quand le verbe *être* est-il verbe substantif ? — Quand est-il verbe auxiliaire ?

261. Qu'appelle-t-on *verbes actifs* ou *transitifs ?*

262. Comment reconnaît-on qu'un verbe est actif ?

263. — Le verbe *avoir* peut être actif ou auxiliaire. Il est actif quand il a un régime direct, comme dans : *J'ai un livre.* Il est auxiliaire quand il sert à conjuguer un autre verbe, comme dans : *J'ai parlé.*

264. — LES VERBES NEUTRES OU INTRANSITIFS sont ceux qui ne peuvent avoir de régime direct.

265. — On reconnaît qu'un verbe est neutre quand on ne peut pas mettre après lui *quelqu'un* ou *quelque chose. Dormir* est un verbe neutre, parce qu'on ne peut pas dire *dormir quelqu'un. dormir quelque chose.*

266.— Tous les verbes actifs se conjuguent avec l'auxiliaire *avoir*. La plupart des verbes neutres prennent l'auxiliaire *être*, comme *je suis allé, je suis sorti;* mais il y en a qui se conjuguent avec *avoir,* comme *j'ai dormi.*

267. — LES VERBES RÉFLÉCHIS OU PRONOMINAUX sont ceux qui se conjuguent avec deux pronoms de la même personne, comme *je me flatte, tu te salis, il se mouche.*

268. — Dans les verbes réfléchis le premier pronom est toujours sujet et le second toujours régime.

269.—Le second pronom des verbes réfléchis peut être régime direct ou régime indirect. Dans *je* ME *mouche, me* est régime direct, parce qu'il répond à la question *qui? Je mouche* QUI? Rép. *me* ou *moi.* Dans *je* ME *nuis, me* est régime indirect, parce qu'il répond à la question *à qui? Je nuis* A QUI? Rép. *à moi.*

270. — Les verbes réfléchis se conjuguent tous avec l'auxiliaire *être;* mais il est à remarquer que dans ces verbes le verbe *être* est mis pour le verbe *avoir;* ainsi *je me suis contenté* est mis pour *j'ai contenté moi.*

271. — On distingue deux sortes de verbes réfléchis : les verbes essentiellement et les verbes accidentellement réfléchis.

---

263. Le verbe *avoir* est-il toujours auxiliaire ? — Quand le verbe *avoir* est-il auxiliaire ? — Quand est-il verbe actif ?

264. Qu'appelle-t-on *verbes neutres* ou *intransitifs ?*

265. Comment reconnaît-on qu'un verbe est neutre ?

266. Avec quel auxiliaire se conjuguent les verbes actifs ? — Quel auxiliaire prennent les verbes neutres ?

267. Qu'appelle-t-on verbes réfléchis ou pronominaux ?

268. Que sont, par rapport au verbe, le premier et le second pronom dans les verbes réfléchis ?

269. Quelle espèce de régime forme le second pronom dans les verbes réfléchis ?

270. Quel auxiliaire prennent les verbes réfléchis ? — Qu'y a-t-il à remarquer sur l'auxiliaire *être* dans les verbes réfléchis ?

271. Combien y a-t-il de sortes de verbes réfléchis ?

272. — Les verbes *essentiellement réfléchis* sont ceux qui ne peuvent se conjuguer qu'avec deux pronoms, comme *je me repens*, on ne peut pas dire *je repens*.

273. — Les verbes *accidentellement réfléchis* sont ceux qui peuvent se conjuguer avec un seul ou avec deux pronoms selon le sens, comme *je m'habille*; on peut dire *j'habille*.

274.— LES VERBES UNIPERSONNELS OU IMPERSONNELS sont ceux qui ne s'emploient qu'à la troisième personne du singulier, comme *il faut*, *il pleut*, *il tonne*.

275.—Dans les verbes impersonnels le sujet *il* est un pronom indéfini qui signifie *cela*, et ne remplace aucun substantif déterminé.

276. — Il y a des verbes qui sont accidentellement impersonnels, comme *avoir* dans *il y a*, *être* dans *il est vrai*, *sembler* dans *il me semble que je vous vois*, *paraître* dans *il paraît qu il pleut*, *faire* dans *il fait beau temps*.

277. — Les *verbes passifs* ne forment point en français une espèce particulière de verbes, puisque ce n'est que le verbe *être* conjugué dans tous les temps avec le participe passé d'un verbe actif. Tous les verbes actifs peuvent être conjugués à la forme passive. (Voyez n° 252.)

CHAPITRE IX

CONJUGAISON DES DIFFÉRENTES ESPÈCES DE VERBES.

278.—§ I.—CONJUGAISON DU VERBE ACTIF ET AUXILIAIRE AVOIR.

MODE INFINITIF.

Présent. Avoir. — *Passé*. Avoir eu. — *Participe présent*. Ayant. — *Participe passé*. Eu, ayant eu.

MODE INDICATIF.

Présent. J'ai, tu as, il a, nous avons, vous avez, ils ont.

Imparfait. J'avais, tu avais, il avait, nous avions, vous aviez, ils avaient.

Passé défini. J'eus, tu eus, il eut, nous eûmes, vous eûtes, ils eurent.

---

272. Quels sont les verbes essentiellement réfléchis ?

273. Quels sont les verbes accidentellement réfléchis ?

274. Qu'appelle-t-on verbes unipersonnels ou impersonnels ?

275. Qu'y a-t-il à remarquer sur le pronom *il* sujet des verbes impersonnels ?

276. Y a-t-il des verbes accidentellement impersonnels ? — Citez des verbes accidentellement impersonnels.

277. Les verbes passifs forment-ils une classe particulière de verbes en français ?

Passé indéfini. J'ai eu, tu as eu, il a eu, nous avons eu, vous avez eu, ils ont eu.

Passé antérieur. J'eus eu, tu eus eu, il eut eu, nous eûmes eu, vous eûtes eu, ils eurent eu.

Plus-que-parfait. J'avais eu, tu avais eu, il avait eu, nous avions eu, vous aviez eu, ils avaient eu.

Futur simple. J'aurai, tu auras, il aura, nous aurons, vous aurez, ils auront.

Futur passé. J'aurai eu, tu auras eu, il aura eu, nous aurons eu, vous aurez eu, ils auront eu.

MODE CONDITIONNEL.

Présent. J'aurais, tu aurais, il aurait, nous aurions, vous auriez, ils auraient.

Parfait. J'aurais eu, tu aurais eu, il aurait eu, nous aurions eu, vous auriez eu, ils auraient eu.

Deuxième passé. J'eusse eu, tu eusses eu, il eût eu, nous eussions eu, vous eussiez eu, ils eussent eu.

MODE IMPÉRATIF.

Présent. — Aie, ayons, ayez. —

MODE SUBJONCTIF.

Présent ou *futur.* Que j'aie, que tu aies, qu'il ait, que nous ayons, que vous ayez, qu'ils aient.

Imparfait. Que j'eusse, que tu eusses, qu'il eût, que nous eussions, que vous eussiez, qu'ils eussent.

Parfait. Que j'aie eu, que tu aies eu, qu'il ait eu, que nous ayons eu, que vous ayez eu, qu'ils aient eu.

Plus-que-parfait. Que j'eusse eu, que tu eusses eu, qu'il eût eu, que nous eussions eu, que vous eussiez eu, qu'ils eussent eu.

279. — § II. — CONJUGAISON DU VERBE SUBSTANTIF ET AUXILIAIRE ÊTRE

MODE INFINITIF.

Présent. Être. — *Passé.* Avoir été. — *Participe présent.* Étant. — *Participe passé.* Été, ayant été.

MODE INDICATIF.

Présent. Je suis, tu es, il est, nous sommes, vous êtes, ils sont.

Imparfait. J'étais, tu étais, il était, nous étions, vous étiez, ils étaient.

Passé défini. Je fus, tu fus, il fut, nous fûmes, vous fûtes, ils furent.

Passé indéfini. J'ai été, tu as été, il a été, nous avons été, vous avez été, ils ont été.

Passé antérieur. J'eus été, tu eus été, il eut été, nous eûmes été, vous eûtes été, ils eurent été.

Plus-que-parfait. J'avais été, tu avais été, il avait été, nous avions été, vous aviez été, ils avaient été.

Futur simple. Je serai, tu seras, il sera, nous serons, vous serez, ils seront.

Futur passé. J'aurai été, tu auras été, il aura été, nous aurons été, vous aurez été, ils auront été.

MODE CONDITIONNEL.

Présent. Je serais, tu serais, il serait, nous serions, vous seriez, ils seraient.

Passé. J'aurais été, tu aurais été, il aurait été, nous aurions été, vous auriez été, ils auraient été.

Deuxième passé. J'eusse été, tu eusses été, il eût été, nous eussions été, vous eussiez été, ils eussent été.

MODE IMPÉRATIF.

Présent. — Sois, — soyons, soyez. —

MODE SUBJONCTIF.

Présent ou *futur.* Que je sois, que tu sois, qu'il soit, que nous soyons, que vous soyez, qu'ils soient.

Imparfait. Que je fusse, que tu fusses, qu'il fût, que nous fussions, que vous fussiez, qu'ils fussent.

Parfait. Que j'aie été, que tu aies été, qu'il ait été, que nous ayons été, que vous ayez été, qu'ils aient été.

Plus-que-parfait. Que j'eusse été, que tu eusses été, qu'il eût été, que nous eussions été, que vous eussiez été, qu'ils eussent été.

280. — § III. — Modèles des quatre conjugaisons régulières.

1re *Conjugaison.*	2e *Conjugaison.*	3e *Conjugaison*	4e *Conjugaison.*
	MODE INFINITIF.		
	PRÉSENT.		
Chant *er.*	Fin *ir.*	Recev *oir.*	Rend *re.*
	PASSÉ.		
Avoir chant *é.*	Avoir fin *i.*	Avoir reç *u.*	Avoir rend *u.*
	PARTICIPE PRÉSENT.		
Chant *ant.*	Finiss *ant.*	Recev *ant.*	Rend *ant.*
	PARTICIPE PASSÉ.		
Chant *é.*	Fin *i.*	Reç *u.*	Rend *u.*

1re Conjugaison.	2e Conjugaison.	3e Conjugaison.	4e Conjugaison.
MODE INDICATIF.			
PRÉSENT.			
Je chant *e*,	Je fin *is*,	Je reç *ois*,	Je rend *s*,
Tu chant *es*,	Tu fin *is*,	Tu reç *ois*,	Tu rend *s*,
Il chant *e*,	Il fin *it*,	Il reç *oit*,	Il rend,
N. chant *ons*,	N. fin*iss ons*,	N. rec*ev ons*,	N. rend *ons*,
V. chant *ez*,	V. fin*iss ez*,	V. rec*ev ez*,	V. rend *ez*,
Ils chant *ent*.	Ils fin*iss ent*.	Ils reç*oiv ent*.	Ils rend *ent*.
IMPARFAIT.			
Je chant *ais*,	Je fin*iss ais*,	Je rec*ev ais*,	Je rend *ais*,
Tu chant *ais*,	Tu fin*iss ais*,	Tu rec*ev ais*,	Tu rend *ais*,
Il chant *ait*,	Il fin*iss ait*,	Il rec*ev ait*,	Il rend *ait*,
N. chant *ions*,	N. fin*iss ions*,	N. rec*ev ions*,	N. rend *ions*,
V. chant *iez*,	V. fin*iss iez*,	V. rec*ev iez*,	V. rend *iez*,
Ils chant *aient*.	Ils fin*iss aient*.	Ils rec*ev aient*.	Ils rend *aient*.
PASSÉ DÉFINI.			
Je chant *ai*,	Je fin *is*,	Je reç *us*,	Je rend *is*,
Tu chant *as*,	Tu fin *is*,	Tu reç *us*,	Tu rend *is*,
Il chant *a*,	Il fin *it*,	Il reç *ut*,	Il rend *it*,
N. chant *âmes*,	N. fin *îmes*,	N. reç *ûmes*,	N. rend *îmes*,
V. chant *âtes*,	V. fin *îtes*,	V. reç *ûtes*,	V. rend *îtes*,
Ils chant *èrent*.	Ils fin *irent*.	Ils reç *urent*.	Ils rend *irent*.
PASSÉ INDÉFINI.			
J' ai chanté,	J' ai fini,	J' ai reçu,	J' ai rendu,
Tu as *id.*	Tu as *id.*	Tu as *id.*	Tu as *id.*
Il a *id.*	Il a *id.*	Il a *id.*	Il a *id.*
N. avons *id.*	N. avons *id.*	N. avons *id.*	N. avons *id.*
V. avez *id.*	V. avez *id.*	V. avez *id.*	V. avez *id.*
Ils ont *id.*	Ils ont *id.*	Ils ont *id.*	Ils ont. *id.*
PASSÉ ANTÉRIEUR.			
J' eus chanté,	J' eus fini,	J' eus reçu,	J' eus rendu,
Tu eus *id.*	Tu eus *id.*	Tu eus *id.*	Tu eus *id.*
Il eut *id.*	Il eut *id.*	Il eut *id.*	Il eut *id.*
N. eûmes *id.*	N. eûmes *id.*	N. eûmes *id.*	N. eûmes *id.*
V. eûtes *id.*	V. eûtes *id.*	V. eûtes *id.*	V. eûtes *id.*
Ils eurent *id.*	Ils eurent *id.*	Ils eurent *id.*	Ils eurent *id.*
2e PASSÉ ANTÉRIEUR (peu usité).			
J'ai eu chanté, etc.	J'ai eu fini, etc.	J'ai eu reçu, etc.	J'ai eu rendu, etc.
PLUS-QUE-PARFAIT.			
J' avais chanté,	J' avais fini,	J' avais reçu,	J' avais rendu,
Tu avais *id.*	Tu avais *id.*	Tu avais *id.*	Tu avais *id.*
Il avait *id.*	Il avait *id.*	Il avait *id.*	Il avait *id.*
N. avions *id.*	N. avions *id.*	N. avions *id.*	N. avions *id.*
V. aviez *id.*	V. aviez *id.*	V. aviez *id.*	V. aviez *id.*
Ils avaient *id.*	Ils avaient *id.*	Ils avaient *id.*	Ils avaient *id.*
FUTUR.			
Je chant*er ai*,	Je fin*ir ai*,	Je rec*ev rai*,	Je rend *rai*,
Tu chant*er as*,	Tu fin*ir as*,	Tu rec*ev ras*,	Tu rend *ras*,
Il chant*er a*,	Il fin*ir a*,	Il rec*ev ra*,	Il rend *ra*,
N. chant*er ons*,	N. fin*ir ons*,	N. rec*ev rons*,	N. rend *rons*,
V. chant*er ez*,	V. fin*ir ez*,	V. rec*ev rez*,	V. rend *rez*,
Ils chant*er ont*.	Ils fin*ir ont*.	Ils rec*ev ront*.	Ils rend *ront*.

1re *Conjugaison.*	2e *Conjugaison.*	3e *Conjugaison.*	4e *Conjugaison.*

FUTUR PASSÉ.

J' aurai chanté,	J' aurai fini,	J' aurai reçu,	J' aurai rendu,
Tu auras *id.*	Tu auras *id.*	Tu auras *id.*	Tu auras *id.*
Il aura *id.*	Il aura *id.*	Il aura *id.*	Il aura *id.*
N. aurons *id.*	N. aurons *id.*	N. aurons *id.*	N. aurons *id.*
V. aurez *id.*	V. aurez *id.*	V. aurez *id.*	V. aurez *id.*
Ils auront *id.*	Ils auront *id.*	Ils auront *id.*	Ils auront *id.*

MODE CONDITIONNEL.

PRÉSENT.

Je chant*er ais,*	Je fin*ir ais,*	Je rece*v rais,*	Je rend *rais,*
Tu chant*er ais,*	Tu fin*ir ais,*	Tu rece*v rais,*	Tu rend *rais,*
Il chant*er ait,*	Il fin*ir ait.*	Il rece*v rait,*	Il rend *rait,*
N. chant*er ions,*	N. fin*ir ions,*	N. rece*v rions,*	N. rend *rions,*
V. chant*er iez,*	V. fin*ir iez,*	V. rece*v riez,*	V. rend *riez,*
Ils chant*er aient.*	Ils fin*ir aient.*	Ils rece*v raient.*	Ils rend *raient.*

PASSÉ.

J' aurais chanté,	J' aurais fini,	J' aurais reçu,	J' aurais rendu,
Tu aurais *id.*	Tu aurais *id.*	Tu aurais *id.*	Tu aurais *id.*
Il aurait *id.*	Il aurait *id.*	Il aurait *id.*	Il aurait *id.*
N. aurions *id.*	N. aurions *id.*	N. aurions *id.*	N. aurions *id.*
V. auriez *id.*	V. auriez *id.*	V. auriez *id.*	V. auriez *id.*
Ils auraient *id.*	Ils auraient *id.*	Ils auraient *id.*	Ils auraient *id.*

2e PASSÉ.

J' eusse chanté,	J' eusse fini,	J' eusse reçu,	J' eusse rendu,
Tu eusses *id.*	Tu eusses *id.*	Tu eusses *id.*	Tu eusses *id.*
Il eût *id.*	Il eût *id.*	Il eût *id.*	Il eût *id.*
N. eussions *id.*	N. eussions *id.*	N. eussions *id.*	N. eussions *id.*
V. eussiez *id.*	V. eussiez *id.*	V. eussiez *id.*	V. eussiez *id.*
Ils eussent *id.*	Ils eussent *id.*	Ils eussent *id.*	Ils eussent *id.*

MODE IMPÉRATIF.

PRÉSENT.

Point de 1re personne au singulier, ni de 3e aux deux nombres.

«	«	«	«
Chant *e,*	Fin *is,*	Reç *ois,*	Rend *s,*
«	«	«	«
Chant *ons,*	Fin*iss ons,*	Rece*v ons,*	Rend *ons,*
Chant *ez,*	Fin*iss ez,*	Rece*v ez,*	Rend *ez,*
«	«	«	«

MODE SUBJONCTIF.

PRÉSENT OU FUTUR.

Que je chant *e,*	Que je fin*iss e,*	Que je reç*oiv e,*	Que je rend *e,*
Que tu chant *es,*	Que tu fin*iss es,*	Que tu reç*oiv es,*	Que tu rend *es,*
Qu'il chant *e,*	Qu'il fin*iss e,*	Qu'il reç*oiv e,*	Qu'il rend *e,*
Que n. chant *ions,*	Que n. fin*iss ions,*	Que n. rece*v ions*	Que n. rend *ions,*
Que v. chant *iez,*	Que v. fin*iss iez,*	Que v. rece*v iez,*	Que v. rend *iez,*
Qu'ils chant *ent.*	Qu'ils fin*iss ent.*	Qu'ils reç*oiv ent.*	Qu'ils rend *ent.*

IMPARFAIT.

Que je chant *asse,*	Que je fin*iss e,*	Que je reç*us se,*	Que je rend*is se,*
Qu tu chant *asses,*	Que tu fin*iss es,*	Que tu reç*us ses,*	Que tu rend*is ses,*
Qu'il chant *ât,*	Qu'il fin*î t,*	Qu'il reç*û t,*	Qu'il rend*î t,*
Que n. chant *assions,*	Que n. fin*iss ions,*	Que n. reç*us ions,*	Que n. rend*is sions,*
Que v. chant *assiez,*	Que v. fin*iss iez,*	Que v. reç*us siez,*	Que v. rend*is siez,*
Qu'ils chant *assent.*	Qu'ils fin*iss ent.*	Qu'ils reç*us sent.*	Qu'ils rend*is sent.*

1re Conjugaison.	2e Conjugaison.	3e Conjugaison.	4e Conjugaison.
		PASSÉ.	
Que j' aie chanté,	Que j' aie fini,	Que j' aie reçu,	Que j' aie rendu,
Que tu aies *id.*	Que tu aies *id.*	Que tu aies *id.*	Que tu aies *id.*
Qu'il ait *id.*	Qu'il ait *id.*	Qu'il ait. *id.*	Qu'il ait *id.*
Que n. ayons *id.*	Que n. ayons *id.*	Que n. ayons *id.*	Que n. ayons *id.*
Que v. ayez *id.*	Que v. ayez *id.*	Que v. ayez *id.*	Que v. ayez *id.*
Qu'ils aient *id.*	Qu'ils aient *id.*	Qu'ils aient *id.*	Qu'ils aient *id.*
		PLUS-QUE-PARFAIT.	
Que j' eusse chanté,	Que j' eusse fini,	Que j' eusse reçu,	Que j' eusse rendu,
Que tu eusses *id.*	Que tu eusses *id.*	Que tu eusses *id.*	Que tu eusses *id.*
Qu'il eût *id.*	Qu'il eût *id.*	Qu'il eût *id.*	Qu'il eût *id.*
Que n. eussions *id.*	Que n. eussions *id.*	Que n. eussions *id.*	Que n. eussions *id.*
Que v. eussiez *id.*	Que v. eussiez *id.*	Que v. eussiez *id.*	Que v. eussiez *id.*
Qu'ils eussent *id.*	Qu'ils eussent *id.*	Qu'ils eussent *id.*	Qu'ils eussent *id.*

281.—§ IV. — CONJUGAISON D'UN VERBE A LA FORME NÉGATIVE.

INFINITIF.

Présent. Ne pas chanter. — *Passé.* N'avoir pas chanté. — *Participe présent.* Ne chantant pas.

INDICATIF.

Présent. Je ne chante pas, tu ne chantes pas, il ne chante pas, nous ne chantons pas, vous ne chantez pas, ils ne chantent pas.

Imparfait. Je ne chantais pas, tu ne chantais pas, etc.

Passé defini Je ne chantai pas, tu ne chantas pas, etc.

Passé indéfini. Je n'ai pas chanté, tu n'as pas chanté, etc.

Passé antérieur. Je n'eus pas chanté, tu n'eus pas chanté, etc.

Plus-que-parfait. Je n'avais pas chanté, tu n'avais pas chanté, etc.

Futur. Je ne chanterai pas, tu ne chanteras pas, etc.

Futur passé. Je n'aurai pas chanté, tu n'auras pas chanté, etc.

CONDITIONNEL.

Présent. Je ne chanterais pas, tu ne chanterais pas, etc.

Passé. Je n'aurais pas chanté, tu n'aurais pas chanté, etc.

Deuxième passé. Je n'eusse pas chanté, tu n'eusses pas chanté, etc.

IMPÉRATIF.

Présent. Ne chante pas, ne chantons pas, ne chantez pas.

SUBJONCTIF.

Présent. Que je ne chante pas, que tu ne chantes pas, etc.

Imparfait. Que je ne chantasse pas, que tu ne chantasses pas, etc.

Passé. Que je n'aie pas chanté, que tu n'aies pas chanté, etc.

Plus-que-parfait. Que je n'eusse pas chanté, que tu n'eusses pas chanté, etc.

282. — § V. — Conjugaison d'un verbe a la forme interrogative.

INDICATIF.

Présent. Chanté-je (Voy. 250)? chantes-tu? chante-t-il? chantons-nous? chantez-vous? chantent-ils?
Imparfait. Chantais-je? chantais-tu? chantait-il? etc.
Passé défini Chantai-je? chantas-tu? chanta-t-il? etc.
Passé indéfini. Ai-je chanté? as-tu chanté? a-t-il chanté? avons-nous chanté? avez-vous chanté? ont-ils chanté?
Passé antérieur. Eus-je chanté? (Peu usité.)
Plus-que-parfait. Avais-je chanté? avais-tu chanté? etc.
Futur. Chanterai-je? chanteras-tu? chantera-t-il? etc.
Futur passé. Aurai-je chanté? auras-tu chanté? etc.

CONDITIONNEL.

Présent. Chanterais-je? chanterais-tu? chanterait-il? etc.
Passé. Aurais-je chanté? aurais-tu chanté? etc.
Deuxième passé. Eussé-je chanté? eusses-tu chanté? eût-il chanté? etc.

283. — § VI. — Conjugaison d'un verbe a la forme mixte

INDICATIF.

Présent. Ne chanté-je pas? ne chantes-tu pas? ne chante-t-il pas? ne chantons-nous pas? ne chantez-vous pas? ne chantent-ils pas?
Imparfait. Ne chantais-je pas? ne chantais-tu pas? etc.
Passé défini Ne chantai-je pas? ne chantas-tu pas? ne chanta-t-il pas? etc.
Passé indéfini. N'ai je pas chanté? n'as-tu pas chanté? n'a-t-il pas chanté? n'avons-nous pas chanté? etc.
Passé antérieur. N'eus-je pas chanté? (Peu usité.)
Plus-que-parfait. N'avais-je pas chanté? n'avais-tu pas chanté? etc.
Futur. Ne chanterai-je pas? ne chanteras-tu pas? ne chantera-t-il pas? etc.
Futur passé. N'aurai-je pas chanté? n'auras-tu pas chanté? etc.

CONDITIONNEL.

Présent. Ne chanterais-je pas? ne chanterais-tu pas? etc.
Passé. N'aurais-je pas chanté? n'aurais-tu pas chanté? etc.
Deuxième passé. N'eussé-je pas chanté? n'eusses-tu pas chanté? etc.

284. — § VII. — Conjugaison d'un verbe a la forme passive

INFINITIF.

Présent. Etre aimé ou aimée.
Passé. Avoir été aimé ou aimée.
Participe présent. Etant aimé ou aimée.
Participe passé. Ayant été aimé ou aimée.

INDICATIF.

Présent. Je suis aimé ou aimée, tu es aimé ou aimée, il est aimé ou elle est aimée, nous sommes aimés ou aimées, vous êtes aimés ou aimées, ils sont aimés ou elles sont aimées.
Imparfait. J'étais aimé ou aimée, tu étais aimé ou aimée, etc.
Passé défini. Je fus aimé ou aimée, tu fus aimé ou aimée, etc.
Passé indéfini. J'ai été aimé ou aimée, etc.
Plus-que-parfait. J'avais été aimé ou aimée, etc.
Futur. Je serai aimé ou aimée, etc.
Futur antérieur. J'aurai été aimé ou aimée, etc.

CONDITIONNEL.

Présent. Je serais aimé ou aimée, etc.
Passé. J'aurais été aimé ou aimée, etc.
Second passé. J'eusse été aimé ou aimée, etc.

IMPÉRATIF.

Présent. Sois aimé ou aimée, soyons aimés ou aimées, soyez aimés ou aimées.

SUBJONCTIF.

Présent. Que je sois aimé ou aimée, etc.
Imparfait. Que je fusse aimé ou aimée, etc.
Passé. Que j'aie été aimé ou aimée, etc.
Plus-que-parfait. Que j'eusse été aimé ou aimée, etc.

285. — § VIII. — Conjugaison d'un verbe réfléchi

INFINITIF.

Présent. Se repentir.
Passé. S'être repenti ou repentie.
Participe présent. Se repentant.
Participe passé. S'étant repenti ou repentie.

INDICATIF.

Présent. Je me repens, tu te repens, il se repent, nous nous repentons, vous vous repentez, ils se repentent.
Imparfait. Je me repentais, tu te repentais, etc.
Passé défini. Je me repentis, tu te repentis, etc.

Passé indéfini. Je me suis repenti ou repentie, tu t'es repenti ou repentie, il s'est repenti ou elle s'est repentie, nous nous sommes repentis ou repenties, vous vous êtes repentis ou repenties, ils se sont repentis ou elles se sont repenties.

Passé antérieur. Je me fus repenti ou repentie, etc.

Plus-que-parfait. Je m'étais repenti ou repentie, etc.

Futur. Je me repentirai, tu te repentiras, etc.

Futur passé. Je me serai repenti ou repentie, etc.

CONDITIONNEL.

Présent. Je me repentirais, tu te repentirais, etc.

Passé. Je me serais repenti ou repentie, etc.

Second passé. Je me fusse repenti ou repentie, etc.

IMPÉRATIF.

Présent. — Repens-toi, — Repentons-nous, Repentez-vous.

SUBJONCTIF.

Présent. Que je me repente, que tu te repentes, etc.

Imparfait. Que je me repentisse, etc.

Passé. Que je me sois repenti ou repentie, etc.

Plus-que-parfait. Que je me fusse repenti ou repentie, etc.

286. — § IX. — CONJUGAISON D'UN VERBE IMPERSONNEL

INFINITIF.

Présent.	Falloir.
Passé.	Avoir fallu.
Partic. présent.	Fallant.
Participe passé.	Fallu.

INDICATIF.

Présent.	Il faut.
Imparfait.	Il fallait.
Passé défini.	Il fallut.
Passé indéfini.	Il a fallu.
Passé antérieur.	Il eut fallu.
Plus-que-parfait.	Il avait fallu.
Futur.	Il faudra.
Futur passé.	Il aura fallu.

CONDITIONNEL.

Présent.	Il faudrait.
Passé.	Il aurait fallu.
Second passé.	Il eût fallu.

SUBJONCTIF.

Présent.	Qu'il faille.
Imparfait.	Qu'il fallût.
Passé.	Qu'il ait fallu.
Plus-que-parfait.	Qu'il eût fallu.

286 *bis.* — § X. — CONJUGAISON DU VERBE NEUTRE ET IRRÉGULIER ALLER AVEC L'AUXILIAIRE ÊTRE.

INFINITIF.

Présent. Aller. — *Passé.* Etre allé ou allée. — *Participe présent.* Allant. — *Participe passé.* Allé ou allée.

INDICATIF.

Présent. Je vais, tu vas, il va, nous allons, vous allez, ils vont.

Imparfait. J'allais, tu allais, il allait, nous allions, vous alliez, ils allaient.

Passé défini. J'allai, tu allas, il alla, nous allâmes, vous allâtes ils allèrent.

Passé indéfini. Je suis allé ou allée, tu es allé ou allée, il est allé ou elle est allée, nous sommes allés ou allées, vous êtes allés ou allées, ils sont allés ou elles sont allées.

Passé antérieur. Je fus allé ou allée.

Plus que-parfait. J'etais allé ou allée.

Futur. J'irai, tu iras, il ira, nous irons, vous irez, ils iront.

Futur passé. Je serai allé ou allée.

CONDITIONNEL.

Présent. J'irais, tu irais, il irait, nons irions, vous iriez, ils iraient.

Passé. Je serais allé ou allée.

Deuxième passé. Je fusse allé ou allée.

IMPÉRATIF.

Présent. Va, — allons, allez.

SUBJONCTIF.

Présent. Que j'aille, que tu ailles, qu'il aille, que nous allions, que vous alliez, qu'ils aillent.

Imparfait. Que j'allasse, que tu allasses, qu'il allât, que nous allassions, que vous allassiez, qu'ils allassent.

Passé. Que je sois allé ou allée.

Plus-que-parfait. Que je fusse allé ou allée.

Nota. Pour les verbes irréguliers et les verbes à difficultés, voyez le vocabulaire à la fin de l'ouvrage.

CHAPITRE X

DES PARTICIPES

287.— Les *participes* sont des mots qui tiennent ou qui participent de la nature des verbes et de celle de l'adjectif.

---

287. Qu'est-ce que les participes ?

288.— Il y a deux sortes de participes : le participe présent et le participe passé.

289.— Le participe présent est toujours terminé en *ant* comme *chantant*.

290.— Le participe passé a des terminaisons variées, comme *chanté*, *fini*, *reçu*, *pris*, *couvert*, *mort*. Celui de la première conjugaison est toujours terminé par *é*.

291.— Les participes remplissent quelquefois les fonctions d'adjectifs, et dans ce cas on les appelle ***adjectifs verbaux*** ou *participes adjectifs*.

292.— On distingue les adjectifs verbaux des participes en ce qu'ils expriment l'idée d'une qualité et sont toujours accompagnés du verbe *être* exprimé ou sous-entendu. Exemple : *Elle est aimée, elle est aimante; une mère désolée*, c'est-à-dire *qui est désolée; une étoile brillante*, c'est-à-dire *qui est brillante*.

CHAPITRE XI

DES MOTS INVARIABLES

§ I. — DES ADVERBES

293.— Les *adverbes* sont des mots invariables qui modifient les verbes, les adjectifs ou les adverbes. Dans *parler* LENTEMENT, TRÈS *grand*, BIEN *volontiers*, *lentement* modifie le verbe *parler*, *très* modifie l'adjectif *grand*, *bien* modifie l'adverbe *volontiers;* ces mots sont des adverbes.

294.— Certains adjectifs sont quelquefois employés adverbialement, comme dans *parler* HAUT, *chanter* JUSTE, *coûter* CHER, *rester* COURT, *marcher* DROIT.

295.— On distingue ordinairement huit espèces d'adverbes, savoir :

---

288. Combien y a-t-il de sortes de participes ?

289. Quelle est la terminaison du participe présent ?

290. Quelle est la terminaison du participe passé ?

291. Qu'appelle-t-on adjectifs verbaux ou participes adjectifs ?

292. Comment distingue-t-on qu'un mot est participe ou adjectif verbal ?

293. Qu'est-ce que les adverbes ?

294. Quels mots sont quelquefois employés adverbialement ?

295. Combien distingue-t-on d'espèces d'adverbes ? — Citez des

LES ADVERBES DE MANIÈRE, comme *sagement*, *lentement*, etc.

LES ADVERBES DE TEMPS, comme *aujourd'hui*, *toujours*, *jamais*, etc.

LES ADVERBES DE LIEU, comme *ici*, *là*, *où*, *loin*, *auprès*, etc.

LES ADVERBES DE QUANTITÉ, comme *beaucoup*, *peu*, *trop*, *assez*, *bien*, etc.

LES ADVERBES D'ORDRE, comme *premièrement*, *d'abord*, *ensuite*, etc.

LES ADVERBES DE COMPARAISON, comme *aussi*, *autant*, *moins*, *plus*, *très*, etc.

LES ADVERBES D'AFFIRMATION, comme *oui*, *assurément*, etc.

LES ADVERBES DE NÉGATION, comme *non*, *ne*, *pas*, *point*, etc.

296.— Les adverbes terminés par *ment* ont généralement formés d'un adjectif par le changement de la finale, comme de *sage* on a fait *sagement*, de *prudent*, *prudemment*, etc.

297.—Certains adverbes sont quelquefois employés substantivement, comme dans UN PEU *de pain*, LE TROP *de bonté*, LE MOINS *est souvent préférable* AU PLUS, l'ARRIÈRE *et* l'AVANT *d'un vaisseau*.

298.— Le mot *que* peut être pronom relatif, pronom interrogatif, adverbe ou conjonction selon le sens. Il est adverbe quand il signifie *seulement*. Exemple : *Je n'ai* QUE *deux sous*, c'est-à-dire *j'ai seulement deux sous*. (Voy. nos 158 et 161.)

299. —On appelle *locution adverbiale* une réunion de mots remplissant les fonctions d'adverbes, comme *peut-être*, *sans cesse*, *sens dessus dessous*.

Degrés de signification des adverbes.

300.— Certains adverbes peuvent avoir différents degrés de signification comme les adjectifs ; ce sont : *bien*, *mal*, *peu*, *fort*, *loin*, *près*, *tôt*, *tard*, *vite*, *volontiers*, les adverbes de manière et les adjectifs employés adverbialement.

301.—Les degrés de signification des adverbes se forment comme ceux des adjectifs ; exemple:

---

adverbes de manière, — de temps, — de lieu, — de quantité, — — d'ordre, — de comparaison, — d'affirmation, — de negation.

296. Qu'y a-t-il à remarquer sur les adverbes terminés par *ment?*

297. Citez des adverbes employés substantivement.

298. Quand le mot *que* est-il adverbe ?

299. Qu'est-ce qu'une locution adverbiale ?

300. Quels sont les adverbes qui peuvent avoir des degrés de signification ?

301. Comment se forment les degrés de signification des adverbes ? — Dites les degrés de signification de l'adverbe *volontiers*.

POSITIF.		sagement.
COMP.	*de supériorité,*	plus sagement.
	d'égalité,	aussi sagement.
	d'infériorité,	moins sagement.
SUPERL. RELAT.	*de supériorité,*	le plus sagement.
	d'infériorité,	le moins sagement.
SUP. ABSOLU.		très sagement.

302.— Il y a trois adverbes qui sont irréguliers au comparatif de supériorité et au superlatif relatif de supériorité ; ce sont : *bien, mal, peu,* qui forment leurs degrés de la manière suivante:

POSITIF.		bien,	mal,	peu.
COMP.	*de sup.*	*mieux,*	*pis,* ou plus mal.	*moins.*
	d'égal.	aussi bien,	aussi mal,	aussi peu.
	d'inf.	moins bien,	moins mal,	moins peu.
SUPERL. RELAT.	*de sup.*	*le mieux,*	*le pis,* ou le plus mal.	*le moins.*
	d'inf.	le moins bien,	le moins mal,	le moins peu.
SUP. ABSOLU.		très bien,	très mal,	très peu.

Liste des adverbes.

303.— *Nota.* Les adverbes marqués d'un astérisque peuvent être aussi prépositions ou conjonctions selon le sens.

Ailleurs,	Aussitôt,	Certes,	*Depuis,
*Ainsi,	Autant,	*Ci,	*Derrière,
Alentour,	Autrefois,	*Combien,	Désormais,
Alors,	Autrement,	*Comme,	*Dessous,
*Après,	*Avant,	Comment,	*Dessus,
*Arrière,	Beaucoup,	Davantage,	*Devant,
Assez,	Bien,	Deçà,	Dorénavant
Assurément,	Bientôt,	Dedans,	*En,
Aujourd'hui,	Çà,	Dehors,	*Encore,
Auparavant,	Céans,	Déjà,	Enfin,
*Auprès,	*Cependant,	*Delà,	Ensemble,
*Aussi,	Certainement,	Demain,	Ensuite,

---

302. Quels sont les adverbes qui sont irréguliers à leurs degrés de signification ? — Sont-ils irréguliers à tous les degrés ? — Dites les degrés de signification de l'adverbe *bien,* — id. de *mal,* — id. de *peu.*

303. Donnez un exemple de l'emploi de l'adverbe *aujourd'hui.* — Autres questions analogues.

Environ,
Exprès,
Fort,
Gratis,
Guère ou guères,
Hier,
Ici,
Incessamment,
Incognito,
Incontinent,
Instamment,
Jadis,
Jamais,
Journellement,
Là,
Loin,
Longtemps,
Lors,
Maintenant,
Mal,
Même,
Mieux,
Moins,
Naguère ou naguères,
Ne,
Néanmoins,
Nenni,
Non,
Notamment,
Nuitamment,
Nullement,
Où,
Oui,
*Outre,
Parfois,
Partout,
Pas,
Peu,
Pis,
Plus,
Plutôt,
Point,
Pourtant,
*Près,
Premièrement,
Secondement,
Présentement,
Presque,
Puis,
*Quand,
Quasi,
*Que,
Quelque,
Quelquefois,
Rien,
Sciemment.
*Si,
Sitôt,
Soudain,
Souvent,
Surtout,
Tant,
Tantôt,
Tard,
Tellement,
Tôt,
*Toujours,
Tout,
Toutefois,
Très,
Trop,
Vite,
Volontiers,
Y.

Principales locutions adverbiales (1).

Ainsi-soit-il, à contre-cœur, à contre-sens, à contre-temps, à couvert, à demi, à jamais, à la bonne heure, à la fois, à l'amiable, à l'envers, à l'envi (2), à la hâte, à loisir, à part, à peine, à peu près, à point nommé, à présent, après-demain, après coup, après tout, à propos, à regret, à tort, à tort et à travers, au dedans, au dehors, au-delà, au-dessus, au-dessous, au juste, au loin, au moins, au pis aller, au plus, au reste, avant-hier, avec peine, avec raison, avec soin, bien plus, çà et là, ci-après, ci-contre, ci-dessus, ci-devant, ci inclus, ci-joint, comme si de rien n'était, coup sur coup, d'abord, d'accord, d'ailleurs, d'autant mieux, d'autant moins, d'autant plus, de bonne heure, de là, de çà et de là, d'ici, de jour, de nuit, de loin, de loin en loin, de mieux en mieux, de moins en moins, d'ordinaire, d'où, d'outre en outre, de part en part, depuis peu, de suite, de temps en temps, du moins, du reste, du tout, en arrière, en avant, en bas, en haut, en moins de rien, en deçà, en dedans, en dehors, en outre, en personne, en travers, en sus, en vain, franc de port, jusqu'alors, jusqu'ici, jusque là, là-bas, là-dedans, là-dessus, là-haut, le mieux, le moins, le plus, mal à propos, ni plus ni moins, par-ci par-là, par dedans,

(1) Nous avons suivi l'Académie pour les traits d'union.

(2) Dans l'expression adverbiale *à l'envi* on ne met pas d'*e* muet à la fin, tandis que le substantif *envie* en prend un.

par dehors, par devant, par derrière, par-dessous, par-dessus, par ici, par là, par hasard, pas à pas, pas du tout, pêle-mêle, petit à petit, peu à peu, peut-être, plus ou moins, pour ainsi dire, pour lors, pour jamais, quelque part, qui plus est, sans doute, sens dessus dessous, sens devant derrière, si fait, sur-le-champ, tant et plus, tant mieux, tout au plus, tant pis, tant s'en faut, tant soit peu, tout attenant, tôt ou tard, tour à tour, tout à coup, tout d'un coup, tout à fait, tout à la fois, tout à l'heure, tout au plus, tout auprès, tout autour, tout contre, tout de même, tout de suite, tout proche, une fois.

§ II. — DES PRÉPOSITIONS.

304.— Les prépositions sont des mots invariables qui servent à indiquer le rapport que les mots ont entre eux. Dans *Aller* EN *ville, en* marque le rapport qu'il y a entre *aller* et *ville* Dans *je passerai* CHEZ *vous, chez* marque le rapport entre *je passerai* et *vous.*

305.— Ce qui distingue les prépositions des autres mots invariables, c'est que toute préposition peut avoir un régime ou complément qui répond à l'une des questions *qui* ou *quoi?* Exemple : *le cheval* DE *Jean; le cheval* DE *qui?* Rép. *de Jean. Jean* est le complément ou le régime de la préposition *de.*

306.— On appelle *locution prépositive* une réunion de mots qui remplissent les fonctions de préposition, comme dans *Il se met* A L'ABRI DE *la pluie ; Le soleil paraît* A TRAVERS *les nuages.*

307.— La préposition *à* prend toujours un accent grave pour la distinguer du verbe *avoir*. On reconnaît que *a* est verbe quand il a un sujet et qu'il peut se conjuguer, tandis que la préposition ne peut avoir de sujet, et a toujours un complément.

Liste des prépositions.

308.— *Nota.* Les mots marqués d'un astérisque appartiennent, suivant leur nature, à d'autres parties du discours.

A,	* Attendu,	Chez,	De,
* Après,	* Aussitôt,	* Concernant,	* Deçà,
* Arrière,	* Avant,	Contre,	* Delà,
* Attenant,	Avec,	Dans,	* Depuis,

---

304. Qu'est-ce que les prépositions ?

305. Qu'est-ce qui distingue les prépositions des autres mots invariables ?

306. Qu'appelle-t-on *locution prépositive?*

307. Comment distingue-t-on par le sens *à* préposition de *a* verbe ?

308. Donnez un exemple de l'emploi de la préposition *avec.* — Autres questions analogues.

Dès,	Fors,	Par,	Selon,
* Dessous,	Hormis,	Parmi,	Sous,
* Dessus,	Hors,	*Passé,	* Suivant,
*Devant,	*Joignant,	* Pendant,	* Supposé,
Devers,	Jusque, ou,	* Plein,	Sur,
* Durant,	Jusques,	Pour,	*Touchant,
* En,	Malgré,	Près,	Vers,
* Entre,	Moyennant,	* Proche,	Voici,
* Envers,	Nonobstant,	Sans,	Voilà,
* Excepté,	*Outre,	* Sauf,	* Vu.

Principales locutions prépositives.

A cause de, à côté de, à couvert de, afin de, à fleur de, à force de, à l'abri de, à la faveur de, à la suite de, à la mode de, à l'égard de, à l'exception de, à l'exclusion de, à l'insu de, à même, à même de, à moins de, à propos de, à raison de, attenant à, à travers le, au travers de, au dedans de, au dehors de, au delà de, aux dépens de, au-dessous de, au-dessus de, au-devant de, aux environs de, au lieu de, auprès de, au prix de, au risque de, autour de, de deçà, de dessous, de dessus, du côté de, en arrière de, en comparaison de, en dedans de, en deçà de, en dehors de, en dépit de, en faveur de, en présence de, ensuite de, en vue de, faute de, hors de, jusqu'à *ou* jusques à, le long de, loin de, lors de, non compris, par deçà, par delà de, par dedans, par dehors, par dessus, par-dessous, par-devant, par devers, par suite de, plein de, près de, proche de, quant à, sauf à, si ce n'est, vis-à-vis, vis-à-vis de, y compris.

§ III. — DES CONJONCTIONS.

309.— Les conjonctions sont des mots invariables qui servent à lier deux membres de phrase.

Exemple : *Allons nous promener* PUISQU'*il fait beau*, CAR *nous ne pourrons y aller demain*, ATTENDU *qu'il pleuvra certainement*, ET QUE *nous serons très occupés* SI *votre père arrive*. Les mots *puisque*, *car*, *attendu que*, *et que*, *si*, sont des conjonctions qui servent à lier les parties de phrase : *Allons nous promener*,— *il fait beau*,— *il pleuvra certainement*,— *nous serons très occupés*,— *votre père arrive*.

310. — Ce qui distingue les conjonctions des prépositions, c'est que les prépositions ont un complément et ne peuvent être supprimées sans détruire le sens, tandis que les conjonctions n'ont pas de complément et peuvent, en général, être retranchées sans que le sens soit détruit.

---

309. Qu'est-ce que les conjonctions ?
310. Qu'est-ce qui distingue les conjonctions des prépositions ?

311.— Le mot *que* peut être pronom relatif, pronom interrogatif, adverbe ou conjonction selon le sens.

Il est conjonction quand il ne signifie ni *lequel, laquelle,* ni *quelle personne* ou *quelle chose*, ni *seulement*.

Exemple : *Il faut* QUE *je sorte*. (Voy. nos 158, 161, 298.)

312.— On appelle *locution conjonctive* une réunion de mots ayant ensemble le sens d'une conjonction, comme *parce que*, *à cause que*, *c'est-à-dire*, etc.

Liste des conjonctions.

313.— *Nota* Les mots marqués d'un astérisque ne sont qu'accidentellement conjonctions.

* Ainsi,	Et,	Pourtant,	* Si,
* Aussi,	Lorsque,	Puis,	Sinon,
Car,	Mais,	Puisque,	* Soit,
* Cependant,	* Néanmoins,	* Quand,	* Tantôt,
* Comme,	Ni,	* Que,	* Toujours.
Donc,	Or,	Quoique,	
* Encore,	Ou,	* Sauf,	
* Enfin,	* Pourquoi,	* Savoir,	

Principales locutions conjonctives.

A cause que, à condition que, ainsi que, afin que, à la vérité, alors que, à moins de, à moins que, après que, après tout, à propos, attendu que, au contraire, au reste, au surplus, aussitôt que, avant que, bien que, c'est-à-dire, c'est pourquoi, d'ailleurs, d'autant que, de crainte que, de même que, de peur que, de plus que, depuis que, dès que, de sorte que, du moins, durant que, du reste, en cas que, encore que, en effet, et puis, jusqu'à ce que, maintenant que, moyennant que, ni plus ni moins que, non plus que, ou bien, outre que, parce que, par conséquent, pendant que, pour que, pourvu que, sans que, sans quoi, selon que, si bien que, si ce n'est que, si tant est que, sitôt que, supposé que, suivant que, tandis que, tant il y a que, tant que, une fois que, vu que.

---

311. A combien d'espèces de mots peut appartenir le mot *que* Comment reconnaît-on que le mot *que* est conjonction ?

312. Qu'appelle-t on locutions conjonctives ?

313. Donnez un exemple de l'emploi de la conjonction *car*, — Autres questions analogues.

§ IV.— DES INTERJECTIONS.

314.- Les interjections sont des mots invariables qui servent à marquer les affections vives et subites de l'âme, comme *Ah! Eh bien !*

Liste des interjections.

135. — *Nota.* Les mots marqués d'un astérisque ne sont qu'accidentellement interjections.

Ah!
Aie!
Allons!
*Allons donc!
*Arrière!
*Bon!
Bah!
Bast!
Bravo!
*Courage!
*Çà!

Chut!
*Ciel!
Crac!
Dame!
Eh!
*Eh bien!
Ferme!
*Gare!
Fi!
Fi donc!
Ha!

Hélas!
Hem!
Hé!
Hé bien!
Hé quoi!
Holà!
Ho!
*Là, là!
O!
Oh!
Ouais!

Ouf!
Oui dà!
*Or çà!
Miséricorde!
*Paix!
*Peste!
Pouah!
*Quoi!
*Silence!
*Tout beau!

---

314. Qu'est-ce que les interjections?
315. Donnez un exemple de l'emploi de l'interjection *gare!* — Autres questions analogues.

SECONDE PARTIE

LEXICOGRAPHIE ÉLÉMENTAIRE OU ORTHOGRAPHE

CHAPITRE PREMIER

DE L'ORTHOGRAPHE EN GÉNÉRAL

316.— L'orthographe est la manière d'écrire correctement les mots.

317.— On distingue quatre espèces d'orthographes : 1° l'orthographe régulière ou naturelle; 2° l'orthographe irrégulière ou de convention; 3° l'orthographe d'usage ou absolue; 4° l'orthographe grammaticale ou relative.

318. — L'*orthographe régulière* ou *naturelle* est celle des mots qui s'écrivent comme ils se prononcent, tels sont : ***livre***, ***père***, ***mère***, ***carton***, ***minute***.

319.— L'*orthographe irrégulière* ou ***de convention*** est celle des mots qui ne s'écrivent pas comme ils se prononcent, tels sont : *chapeau*, *philosophe*, *grammaire*, que l'on écrirait, si l'orthographe était régulière : *chapo*, ***filozofe***, ***gramère***.

320.— L'*orthographe d'usage* ou *absolue* est celle qui ne dé-

---

316. Qu'est-ce que l'orthographe ?

317. Combien y a-t-il de sortes d'orthographes ?

318. Qu'est-ce que l'orthographe naturelle ou régulière ? — Citez des mots dont l'orthographe est régulière.

319. Qu'est-ce que l'orthographe de convention ou irrégulière ? — Citez des mots dont l'orthographe est irrégulière.

320. — Qu'est-ce que l'orthographe d'usage ou absolue ? — Citez des exemples d'orthographe absolue.

pend pas des règles de la grammaire, tels sont, par exemple, le *t* du mot *pont*, l'*s* du mot *bras*, les deux *m* du mot *grammaire*.

321.— L'*orthographe grammaticale* ou *relative* est celle qui dépend des règles de la grammaire et du rapport que les mots ont entre eux; tels sont, par exemple, l'*s* dans *les livres*, l'*x* dans *les chapeaux*, qui marquent le pluriel; l'*e* dans *grande*, qui marque le féminin, etc.

322.— On appelle *homonymes* les mots qui se prononcent de même et s'écrivent différemment. Ex. : *mon* PÈRE; *un* PAIR *de France; une* PAIRE *de souliers*.

323.— Les *homographes* sont les mots qui s'écrivent et se prononcent de même, mais dont le sens est différent. Ex.: *Un verre de* BIÈRE; *une* BIÈRE *de sapin*.

324.— Il ne faut pas confondre les homonymes et les synonymes. Les *synonymes* sont des mots qui ont à peu près le même sens, comme *pouvoir, autorité, puissance*.

CHAPITRE II

DU PLURIEL DANS LES SUBSTANTIFS

§ I.— *Formation du pluriel dans les substantifs simples.*

325. — LA TABLE, LES TABLES. — La règle générale pour marquer le pluriel dans les substantifs est d'ajouter une *s* à la fin du mot.

326.— LES ÉLÉPHANTS. LES PARENTS. — Dans le pluriel des substantifs terminés en *ant* ou *ent*, on retranchait autrefois le *t* final au pluriel, excepté dans les mots d'une seule syllabe; aujourd'hui on le conserve toujours.

---

321. Qu'est ce que l'orthographe grammaticale ou relative? — Citez des exemples d'orthographe grammaticale.

322. Qu'est-ce que les *homonymes ?*

323 Qu'appelle-t-on *homographes?*

324. Qu'entend-on par *synonymes?*

325 Quelle est la règle générale pour marquer le pluriel dans les substantifs?

326. Qu'y a-t-il à remarquer sur le pluriel des substantifs en *ant* et *ent ?*

327. — LE TAS, LES TAS ; LA VOIX, LES VOIX ; LE NEZ, LES NEZ. — Les substantifs terminés au singulier par *s*, *x*, *z* ne prennent rien de plus au pluriel.

Il n'y a que trois substantifs terminés au singulier par *z*, ce sont : *le nez*, *le riz* et *le rez* (dans rez-de-chaussée).

328. — LE COUTEAU, LES COUTEAUX ; LE CHEVEU, LES CHEVEUX. — Les substantifs terminés au singulier par *au* ou *eu* prennent au pluriel une *x* au lieu d'une *s* ; excepté *landau* qui prend une *s* : les *landaus*.

329. — LE JOUJOU, LES JOUJOUX. — Il y a sept substantifs terminés par *ou* qui prennent au pluriel une *x* ; ce sont : *caillou*, *chou*, *bijou*, *hibou*, *pou*, *joujou* et *genou* ; tous les autres en *ou* prennent une *s*.

330. — LE JOURNAL, LES JOURNAUX. — Les substantifs terminés au singulier par *al* changent au pluriel cette finale en *aux*, excepté douze qui prennent simplement une *s* ; ce sont : *aval*, *bal*, *cal*, *cantal*, *carnaval*, *chacal*, *nopal*, *narval* ou *nerval*, *pal*, *pipal*, *régal*, *serval*.

331. — On doit écrire des *journaux* et non des *journeaux*, parce que les substantifs en *al* font leur pluriel en *aux* et non en *eaux*.

332. — LE SOUPIRAIL, LES SOUPIRAUX. — Il y a sept substantifs en *ail* qui changent au pluriel cette finale en *aux* ; ce sont : *bail*, *corail*, *émail*, *soupirail*, *travail*, *vantail* (battant d'une porte) et *ventail* (partie inférieure d'un casque). Tous les autres en *ail* prennent simplement une *s*.

333. — LE TRAVAIL, LES TRAVAILS, LES TRAVAUX. — *Travail* a deux formes pour le pluriel : on dit *les travaux* en parlant des ouvrages ; et *les travails* :

1° Quand il signifie la machine qui sert à ferrer les chevaux vicieux ;

2° En parlant des comptes rendus par un employé à un ministre.

---

327. Comment se forme le pluriel des substantifs terminés au singulier par *s*, *x*, *z* ? — Combien y a-t-il de substantifs terminés au singulier par *z* ?

328. Comment se forme le pluriel des substantifs terminés par *au* ou *eu* ?

329. Comment se forme le pluriel des substantifs terminés par *ou* ?

330. Comment se forme le pluriel des substantifs terminés par *al* ?

331. Pourquoi écrit-on *des journaux* et non *des journeaux* avec un *e* ?

332. Comment se forme le pluriel des substantifs en *ail* ?

333. Qu'y a-t-il à remarquer sur le pluriel du mot *travail* ?

334.— L'AIL, LES AULX.— Le mot *ail* fait au pluriel *les aulx;* mais on emploie de préférence le singulier; ainsi l'on dira mieux: *Il mange de l'ail*, que *Il mange des aulx.*

335.— LE BÉTAIL, LES BESTIAUX. — *Bétail* fait au pluriel *bestiaux.* Quelques grammairiens disent que *bétail* n'a pas de pluriel et que *bestiaux* n'a pas de singulier.

336.— LE CIEL, LES CIELS, LES CIEUX. — *Ciel* a deux formes pour le pluriel; on dit *les ciels* au figuré et dans le sens de *climat: les ciels de lit, de carrière, de tableaux; l'Italie est sous un des plus beaux ciels;* et *les cieux* en parlant du séjour des bienheureux et de l'espace où se meuvent les astres.

337.— L'OEIL, LES OEILS, LES YEUX. —Le mot *œil* a deux formes pour le pluriel: on dit *les œils*, en parlant des petites lucarnes appelées *œils de bœuf*, et *yeux* en parlant des organes de la vue. Par comparaison on dit: *les yeux du pain, de la soupe, du fromage* (Acad.). On dit aussi *les œils du pain, de la soupe*, etc.

338.— L'AÏEUL, LES AÏEULS, LES AÏEUX. — *Aïeul* a deux formes pour le pluriel; on dit *les aïeuls* en parlant de plusieurs grands-pères, et *les aïeux* en parlant des ancêtres. Dans cette dernière acception on ne l'emploie pas ordinairement au singulier; pour désigner un seul individu on dit: *Un de mes aïeux.* Au féminin on dit: *Une aïeule, des aïeules,* en parlant d'une ou de plusieurs grand'mères.

339. — DES PATER, DES AVE. — Certains mots étrangers qui n'ont pas changé de forme ne prennent pas la marque du pluriel. Tels sont:

Des alibi, des auto-da-fé, des duplicata, des errata, des in-folio, des in-quarto, des in-octavo, des te-deum, etc.

Les mots suivants prennent une *s* au pluriel:

Des accessits, des agendas, des albums, des alinéas, des alléluias, des bénédicités, des bravos, des concertos, des débets, des déficits, des duos, des factums, des factotums, des imbroglios, des impromptus, des numéros, des opéras, des pensums, des pianos, des quatuors, des quiproquos, des solos ou *soli, des trios, des zéros.*

---

334. Qu'y a-t il à remarquer sur le pluriel du mot *ail?*
335. Qu'y a-t-il à remarquer sur le pluriel du mot *bétail?*
336. Qu'y a-t-il à remarquer sur le pluriel du mot *ciel?*
337. Qu'y a-t-il à remarquer sur le pluriel du mot *œil?*
338. Qu'y a-t-il à remarquer sur le pluriel du mot *aïeul?*
339. Qu'y a-t-il à remarquer sur le pluriel des mots étrangers qui n'ont pas changé de forme? — Citez des exemples.

340.— LES POURQUOI, LES PARCE QUE.—Les mots invariables de leur nature, employés substantivement, ne prennent pas la marque du pluriel; excepté : *Les devants, les derrières, les environs, les alentours.*

§ II. — *Pluriel des substantifs composés.*

341. — UN CHOU-FLEUR, DES CHOUX-FLEURS.— Quand un substantif est composé de deux substantifs, ou d'un adjectif et d'un substantif placés immédiatement l'un après l'autre, les deux mots prennent la marque du pluriel.

Exemples : Des chefs-lieux, des basses-fosses, des pies-grièches, des timbres-postes, des gardes-champêtres, des lauriers-roses, des rouges-gorges, des courts-bouillons, des pieds-bots.

Exceptions : Les blancs-seing, les chevau-légers, les grand'-mères, les grand'-messes, les vice-rois.

342.— UN ARC-EN-CIEL, DES ARCS-EN CIEL.— Quand un substantif est composé de deux substantifs unis par une préposition, le premier prend seul la marque du pluriel.

Exemples : Des ciels-de-lit, des chefs-d'œuvre, des chars-à-banc, des coups-de-pied, des crocs-en-jambe, des hauts-de-chausse, des pains-d'épice, etc.

Exceptions : Des coq-à-l'âne, des tête-à-tête, des pied-à-terre, des vole-au-vent, des auto-da-fe.

343.— UN TIRE-BOUCHON DES TIRE BOUCHONS.— Quand un substantif est composé d'un substantif et d'un verbe ou d'un mot invariable, le substantif prend seul la marque du pluriel.

Exemples : Des avant-gardes, des avant-coureurs, des non-valeurs, des contre-poisons, des casse-noisettes, des couvre-pieds, des cure-dents, des essuie-mains, des garde-malades, des garde-fous, des havre-sacs, des pique-assiettes, des tire-lignes, des passe-ports, des pique niques.

344.— UN PASSE PARTOUT, DES PASSE-PARTOUT.— Quand un substantif n'est composé que de mots naturellement invariables, aucun d'eux ne prend la marque du pluriel.

Exemples : Des oui-dire, des pince-sans-rire, des sot-l'y-laisse, des va-et-vient.

345. – UN COUVRE-FEU, DES COUVRE-FEU. — Lorsqu'un sub-

---

340. Qu'y a-t-il à remarquer sur le pluriel des mots invariables employés substantivement ?
341. Comment écrit on *des chefs-lieux ?* — Pourquoi ?
342. Comment écrit-on *des ciels-de-lit ?* — Pourquoi ?
343. Comment écrit on *des contre-poisons ?* — Pourquoi ?
344. Comment écrit-on *des passe-partout ?* — Pourquoi ?
345. Comment écrit-on *des garde-vue ?* — Pourquoi ?

stantif qui fait partie d'un nom composé ne réveille, dans tous les cas, que l'idée du singulier, il ne se met pas au pluriel. *Un couvre-feu* est un ustensile pour couvrir *le feu* et non *les feux*.

Exemples : Des abat-faim, des abat-jour, des à-compte, des brise-glace, des casse-cou, des casse-tête, des contre-jour, des gagne-pain, des garde-chasse, des garde-manger, des garde-vüe, des gâte-sauce, des rabat-joie, des réveille-matin, des prie-Dieu, des hôtels-Dieu, des terre-pleins, des brèche-dents, des serre-tête, des après-midi, des mouille-bouche, des reine-Claude *ou* reines-Claude, des Messire-Jean, des porte-respect, des perce-neige, des bains-marie.

346. — UN PORTE-MOUCHETTES, DES PORTE-MOUCHETTES. — Lorsqu'un substantif qui fait partie d'un nom composé réveille, dans tous les cas, une idée de pluralité, il se met toujours au pluriel.

Exemples : Un mille-feuilles, un mille-fleurs, un mille-pieds, un mille-pertuis, un porte-allumettes, un porte-clefs, un serre-papiers, un va-nu-pieds.

347. — UN PORTEFEUILLE, DES PORTEFEUILLES. — Les substantifs composés qui ne forment plus qu'un seul mot font leur pluriel comme les substantifs simples.

Exemples : Baisemain, becfigue, contredanse, contrefaçon, contrevent, crincrin, gendarme, justaucorps, marchepied, porte-balle, portecrayon, portefaix, portemanteau, pourboire, tirelire, tournebroche.

Exceptions. Monsieur, messieurs; madame, mesdames; mademoiselle, mesdemoiselles; monseigneur, messeigneurs; gentilhomme, gentilshommes.

§ III. — *Pluriel des noms propres.*

348. — LES DEUX RACINE VIVAIENT SOUS LOUIS XIV. — Les noms propres d'hommes ne prennent pas la marque du pluriel.

349. — LES TURENNE ET LES CONDÉ ONT ILLUSTRÉ LA FRANCE. — On emploie quelquefois l'article pluriel avant les noms d'hommes célèbres quoiqu'on ne parle que d'un seul individu.

Dans ce cas ces noms sont également invariables.

---

346. Comment écrit-on *un mille pieds ?* — Pourquoi ?

347. Comment se forme le pluriel des substantifs composés qui ne forment plus qu'un seul mot ?

Comment font au pluriel : *monsieur*, *madame*, *mademoiselle*, *monseigneur*, *gentilhomme* ?

348. Qu'y a-t-il à remarquer sur le pluriel des noms propres ?

349. Qu'y a-t-il à remarquer sur l'emploi de l'article avant les noms propres ?

350. — TOUS LES SIÈCLES NE PRODUISENT PAS DES CORNEILLES. -- Quand les noms propres servent à désigner non un individu, mais tous ceux qui lui ressemblent, ils sont employés comme noms communs et se mettent au pluriel s'il y a lieu. Dans cette phrase on veut parler de tous les poètes qui ressemblent à Corneille.

CHAPITRE III

FORMATION DU PLURIEL DANS LES ADJECTIFS

351.— UN HOMME BON, DES HOMMES BONS.— La règle générale pour marquer le pluriel dans les adjectifs est d'ajouter une *s* a la fin du mot.

352. — UN POULET GRAS, DES POULETS GRAS; UN ENFANT PEUREUX, DES ENFANTS PEUREUX. — Les adjectifs terminés au singulier par *s* ou *x* ne prennent rien de plus pour le pluriel.

353. — UN BEAU FRUIT, DE BEAUX FRUITS. — Les adjectifs terminés au singulier par *au* prennent au pluriel un *x* au lieu d'une *s*.

354. — DES OISEAUX BLEUS, DES HOMMES FOUS. — Les adjectifs terminés au singulier par *eu* ou *ou* prennent au pluriel une *s* et non un *x*.

Remarque. Les seuls adjectifs en *ou* ou *eu*, sont : *fou*, *mou*, *bleu* et *feu* (signifiant *défunt*).

355.— ÉGAL, ÉGAUX. — Les adjectifs terminés au singulier par *al* changent au pluriel cette finale en *aux;* excepté huit, qui prennent simplement une *s*; ce sont : *bancal, fatal, final,*

---

350. Qu'y a-t-il à remarquer sur le pluriel des noms propres employés comme noms communs ?

351. Quelle est la règle générale pour marquer le pluriel dans les adjectifs ?

352. Comment se forme le pluriel des adjectifs terminés au singulier par *s* ou *x ?*

353. Comment se forme le pluriel des adjectifs terminés au singulier par *au?*

354. Comment se forme le pluriel des adjectifs terminés au singulier par *ou* ou *eu ?*

Quels sont les adjectifs terminés par *au* ou *eu ?*

355. Comment se forme le pluriel des adjectifs terminés au singulier par *al ?*

glacial, nasal, naval, pascal, théâtral. Quelques-uns ne sont pas usités au masculin pluriel ; tels sont : *austral*, *boréal*, *diamétral*, *machinal*, *matinal*, *natal*, *pénal*, etc.

356.— TOUT LE PEUPLE, TOUS LES PEUPLES. — L'adjectif *tout* fait au pluriel *tous*. Quelques personnes écrivent *touts*.

CHAPITRE IV

FORMATION DU FÉMININ DANS LES ADJECTIFS

357.— CONTENT, CONTENTE. — La règle générale pour former le féminin dans les adjectifs est d'ajouter un *e* muet à la fin du mot.

358.— UN HABIT ROUGE, UNE ÉTOFFE ROUGE. — Les adjectifs terminés au masculin par un *e* muet ne changent pas au féminin.

359. — MALHEUREUX, MALHEUREUSE.— Les adjectifs terminés au masculin par *eux* font leur féminin en *euse*.

360. — CRAINTIF, CRAINTIVE. — Les adjectifs terminés au masculin par *f* changent au féminin cette finale en *ve*.

361. — PREMIER, PREMIÈRE.— Les adjectifs terminés au masculin par *er* font leur féminin par l'addition d'un *e* muet, et prennent un accent grave sur l'avant-dernier *e*, parce que cet *e* devient ouvert dans le féminin et qu'il termine la syllabe.

362.— BON, BONNE ; ANCIEN, ANCIENNE ; CRUEL, CRUELLE ; PAREIL, PAREILLE.— Les adjectifs terminés au masculin par *on*, *en*, *el*, *eil*, font leur féminin en doublant la consonne finale et en ajoutant un *e* muet.

---

356. Quel est le pluriel de l'adjectif *tout* ?

357. Quelle est la règle générale pour former le féminin des adjectifs ?

358. Comment se forme le féminin des adjectifs terminés par un *e* muet ?

359. Comment se forme le féminin des adjectifs terminés par *eux* ?

360. Comment se forme le féminin des adjectifs terminés par *f* ?

361. Comment se forme le féminin des adjectifs terminés par *er* ?

362. Comment se forme le féminin des adjectifs terminés par *on*, *en*, *el*, *eil* ?

363. — SURPRIS, SURPRISE. — Les adjectifs terminés au masculin par *s* font leur féminin par l'addition d'un *e* muet; excepté six qui doublent en même temps l'*s* finale; ce sont: *gros, gras, las, bas, épais, exprès,* qui font: *grosse, grasse, lasse, basse, épaisse, expresse.*

364.— MUET, MUETTE.— Les adjectifs terminés au masculin par *et* font leur féminin en doublant le *t* final et en ajoutant un *e* muet; excepté sept qui ne doublent pas le *t* et prennent un accent grave sur l'avant-dernier *e*. Ce sont : *complet, concret, discret, inquiet, prêt, replet, secret,* qui font *complète, concrète, discrète, inquiète, prête, replète, secrète.*

Prêt conserve l'accent circonflexe.

365.— BEAU GARÇON, BEL ENFANT, BELLE FEMME. — Les adjectifs *beau, nouveau, vieux, fou, mou,* font aussi au masculin singulier *bel, nouvel, vieil, fol, mol.* La seconde forme ne s'emploie qu'au singulier et avant une voyelle ou une *h* muette. On dit : *un nouvel état, un vieil ami, un fol espoir, un mol abandon.* On dit cependant quelquefois *un vieux homme.*

366.— Les adjectifs *beau, nouveau, vieux, fou, mou,* font au féminin *belle, nouvelle, vieille, folle, molle,* en doublant la consonne finale de la seconde forme du masculin singulier.

367. — DANSEUR, DANSEUSE. — Les adjectifs en *eur* formés du participe présent par le changement de *ant* en *eur*, comme de *dansant* on a fait *danseur*, font, pour la plupart, leur féminin en *euse.*

Quelques-uns font leur féminin en *esse*, comme *vengeur*, vengeresse; *enchanteur*, enchanteresse; *bailleur*, bailleresse (1); *demandeur*, demanderesse (2); *défendeur*, défenderesse (3), et quelques autres en *trice*, comme *exécuteur*, exécutrice; *inspecteur*, inspectrice; *inventeur*, inventrice; *persécuteur*, persécutrice. — *Gouverneur* fait *gouvernante.*

---

363 Comment se forme le féminin des adjectifs terminés par *s* ?

364. Comment se forme le féminin des adjectifs terminés par *et* ? — Quels sont les adjectifs en *et* qui ne doublent pas le *t* au féminin ?

365. Qu'y a-t-il à remarquer sur le masculin des adjectifs *beau, nouveau, vieux, fou* et *mou?* — Quand emploie-t-on la seconde forme du masculin singulier de ces adjectifs ?

366. Comment se forme le féminin des adjectifs *beau, nouveau, vieux, fou* et *mou* ?

367. Comment se forme le féminin des adjectifs en *eur*, formés d'un participe présent ?

(1) Celui ou celle qui donne des fonds dans une entreprise; du vieux mot *bailler*, qui signifie *donner*.

(2) Celui ou celle qui attaque une autre personne en justice.

(3) Celui ou celle qui se défend en justice dans un procès que le demandeur lui a intenté.

368. — CALCULATEUR, CALCULATRICE. — La plupart des adjectifs en *eur* qui ne sont pas formés d'un participe présent par le changement de *ant* en *eur*, font leur féminin en *trice*, comme *créateur*, créatrice; *conducteur*, conductrice; *bienfaiteur*, bienfaitrice; *protecteur*, protectrice; *lecteur*, lectrice. — *Majeur*, *mineur*, *meilleur* font *majeure*, *mineure*, *meilleure*. — *Serviteur* fait *servante*.

369. — EXTÉRIEUR, EXTÉRIEURE. — Les adjectifs en *érieur* font leur féminin d'après la règle générale; c'est-à-dire par l'addition d'un *e* muet.

370. — CHANTEUR, CHANTEUSE, CANTATRICE. — *Chanteur* fait au féminin *chanteuse* en désignant simplement une femme qui chante, et *cantatrice*, en parlant d'une artiste de grande réputation.

371. — CHASSEUR, CHASSEUSE, CHASSERESSE. — *Chasseur* fait au feminin *chasseuse* dans le langage ordinaire, et *chasseresse* en poésie. On dit *les nymphes chasseresses*.

372. — VENDEUR, VENDEUSE, VENDERESSE. — *Vendeur* fait au féminin *vendeuse* dans le langage ordinaire, et *venderesse* en terme de justice.

373. — DÉBITEUR, DÉBITEUSE, DÉBITRICE. — *Débiteur* fait au féminin *débiteuse* en parlant d'une femme qui débite des nouvelles, et *débitrice* en parlant de celle qui doit de l'argent. — *Débitant*, qui débite de la marchandise, fait *débitante*.

374. — PÊCHEUR, PÊCHEUSE; PÉCHEUR, PÉCHERESSE — *Pêcheur*, qui pêche des poissons, fait au féminin *pêcheuse*; et *pécheur*, qui commet des péchés, fait *pécheresse*.

375. — AUTEUR, PROFESSEUR. — Les mots qui expriment des états ou des fonctions qui conviennent plus spécialement à des hommes, quoiqu'il y ait des femmes qui les exercent, n'ont pas de forme particulière pour le féminin; on dit : *un homme auteur*, *une femme auteur; un homme professeur*, *une femme professeur*.

Tels sont encore : acquéreur, agresseur, amateur, censeur,

---

368. Qu'y a-t-il à remarquer sur le féminin des adjectifs en *eur* qui ne sont pas formés d'un participe présent?

369. Comment se forme le féminin des adjectifs en *érieur*?

370. Qu'y a-t-il à remarquer sur le féminin de *chanteur*?

371. Qu'y a-t-il à remarquer sur le féminin de *chasseur*?

372. Qu'y a-t-il à remarquer sur le féminin de *vendeur*?

373. Qu'y a-t-il à remarquer sur le féminin de *débiteur*?

374. Qu'y a-t-il à remarquer sur le féminin de *pêcheur*?

375. Qu'y a-t-il à remarquer sur le féminin de *auteur*, *professeur*, etc.?

compositeur, docteur, graveur, imposteur, imprimeur, laboureur, littérateur, orateur, successeur; et quelques autres noms qui ne sont pas terminés en *eur*, comme peintre, écrivain, etc.

376. — BLANC, BLANCHE. — Plusieurs adjectifs forment leur féminin irrégulièrement: ce sont: *blanc* qui fait blanche; *franc*, franche; *frais*, fraîche; *sec*, sèche; *public*, publique; *caduc*, caduque; *turc*, turque; *grec*, grecque; *long*, longue; *oblong*, oblongue; *bénin*, bénigne; *malin*, maligne; *nul*, nulle; *gentil*, gentille; *sot*, sotte; *vieillot*, vieillotte; *doux*, douce; *roux*, rousse; *jaloux*, jalouse; *faux*, fausse; *tiers*, tierce; *favori*, favorite; *coi*, coite (ces deux derniers mots n'ont pas de *t* final au masculin); *hébreu*, hébraïque (en parlant de la langue); pour désigner les femmes, on dit: *Les femmes des Hébreux* ou *les femmes Israélites*.

377. — CHATAIN, FAT, DISPOS, CAPOT (terme de jeu). — Ces adjectifs ne s'emploient pas au féminin.

CHAPITRE V

ACCORD DES ADJECTIFS

§ I. — *Règles générales sur l'accord des adjectifs.*

378.— UN PETIT ENFANT, DE PETITS ENFANTS; UNE PETITE FILLE, DE PETITES FILLES. — Les adjectifs s'accordent en genre et en nombre avec le substantif ou le pronom auquel ils se rapportent.

379.— Dans l'accord de l'adjectif, c'est l'adjectif qui prend le genre et le nombre du substantif, et non le substantif qui prend le genre et le nombre de l'adjectif, parce que le substantif est le mot principal.

380. — LES ENFANTS CARESSANTS SONT AIMÉS. — Les adjectifs verbaux s'accordent en genre et en nombre comme les adjectifs qualificatifs.

---

376. Quel est le féminin de *blanc*, *franc*, *frais*, etc. ?

377. Qu'y a-t-il à remarquer sur le féminin de *châtain*, *fat*, *dispos*, *capot* ?

378. Comment s'accordent les adjectifs ?

379. Est-ce le substantif qui prend le genre et le nombre de l'adjectif, ou l'adjectif qui prend le genre et le nombre du substantif ?

380. Qu'y a-t-il à remarquer sur l'accord des adjectifs verbaux ?

381.— MESSIEURS, VOUS ÊTES MALADES; MONSIEUR, VOUS ÊTES MALADE.— L'adjectif qui se rapporte au pronom *vous* se met au pluriel ou au singulier selon que ce pronom désigne une seule ou plusieurs personnes.

382.— MA MÈRE ET MA SOEUR SONT INSTRUITES; NI MA MÈRE NI MA SOEUR NE SONT INSTRUITES.—Lorsqu'un adjectif se rapporte à plusieurs substantifs singuliers unis par la conjonction *et* ou *ni*, il se met au pluriel.

383.— MON PÈRE ET MA MÈRE SONT VIEUX.— Lorsqu'un adjectif se rapporte à plusieurs substantifs de différents genres, il se met au masculin pluriel.

Remarque. Dans ce cas, il faut avoir le soin de mettre le substantif masculin le dernier, pour éviter le rapprochement d'un nom féminin et d'une finale masculine. Cette precaution n'est pas nécessaire si l'adjectif n'a pas de terminaison particulière pour le féminin, comme dans *mon père et ma mère sont charitables.*

384.—UN FILS OU UNE FILLE AIMANTE.— Lorsqu'un adjectif se rapporte à deux substantifs unis par la conjonction *ou*, il ne s'accorde qu'avec le dernier, parce qu'il ne s'agit pas de deux substantifs, mais de l'un des deux seulement. Il s'accorde avec le dernier, parce que c'est celui qui frappe le plus l'oreille.

385.— CÉSAR AVAIT UN COURAGE, UNE INTRÉPIDITÉ EXTRAORDINAIRE. — Lorsqu'un adjectif se rapporte a deux substantifs synonymes, c'est-à-dire ayant à peu près le même sens et marquant seulement une gradation dans la pensée, il ne s'accorde qu'avec le dernier.

386.— L'ÉLÉPHANT, COMME LA BALEINE, EST GROS.— Lorsqu'un adjectif se rapporte à deux substantifs unis par les conjonctions *comme, de même que, ainsi que*, il ne s'accorde qu'avec le premier, le second n'étant mis que comme point de comparaison.

---

381. Comment s'accorde l'adjectif qui se rapporte au pronom *vous ?*

382. Comment s'accorde l'adjectif qui se rapporte à plusieurs substantifs singuliers unis par la conjonction *et* ou *ni ?*

383. Comment s'accorde l'adjectif qui se rapporte à plusieurs substantifs de différents genres? — Dans ce cas où place-t-on le substantif masculin ?

384. Comment s'accorde l'adjectif qui se rapporte à deux substantifs unis par la conjonction *ou ?*

385. Comment s'accorde l'adjectif qui se rapporte à deux substantifs synonymes ?

386. Comment s'accorde l'adjectif qui se rapporte à deux substantifs unis par les conjonctions *comme, de même que, ainsi que ?*

387.— **La première et la seconde classe.**— Quand un substantif est joint à plusieurs adjectifs exprimant chacun une espèce particulière, ce substantif se met au singulier parce qu'il est sous-entendu après chaque adjectif. Dans cette phrase : *la première et la seconde classe*, c'est comme s'il y avait *la première classe et la seconde classe.*

388. — **Ces fleurs sentent bon.** — Les adjectifs employés adverbialement sont invariables comme les adverbes.

§ II.— *Règles particulières à l'accord de certains adjectifs.*

389.— **Aucun défaut, nulle vertu.**— Les adjectifs *aucun* et *nul*, signifiant *pas un*, ne se mettent point au pluriel non plus que le substantif auquel ils se rapportent, à moins que ce substantif n'ait point de singulier, ou n'ait un sens différent au pluriel, comme dans *aucunes funérailles, aucuns gages, nulles troupes, aucunes broussailles*.

390.— **Il marche pieds nus et nu-tête. Une heure et demie ; une demi-heure.** — Les adjectifs *nu* et *demi* s'accordent quand ils sont placés après le substantif ; mais quand ils sont placés avant, ils sont invariables, et on les joint au substantif par un trait d'union.

391.— **Deux mètres et demi ; deux heures et demie.**—L'adjectif *demi* placé après le substantif s'accorde en genre, mais ne se met point au pluriel. *Deux mètres et demi*, c'est-à-dire *deux mètres et un demi-mètre.*

392. — **La feue reine ; feu la reine.** — L'adjectif *feu* s'accorde quand il est placé immédiatement avant le substantif ; il est invariable quand il en est séparé par l'article. *Feu* signifie défunt.

393. — **Quatre mille hommes.** — Le nombre *mille* ne prend jamais la marque du pluriel. Il ne faut pas le confondre avec le substantif *mille* (mesure de distance), qui se met au pluriel s'il y a lieu, ainsi que les autres substantifs, comme dans : *Douvres est à soixante-quinze milles de Londres.*

---

387. Comment écrit-on le mot *chambre* dans cette phrase : *La grande et la petite chambre?* — Pourquoi ?

388. Qu'y a-t-il à remarquer à l'égard de l'accord sur les adjectifs employés adverbialement ?

389. Qu'y a-t-il à remarquer sur l'accord des adjectifs *aucun* et *nul?*

390. Qu'y a-t-il à remarquer sur l'accord des adjectifs *nu* et *demi ?*

391. A quel nombre se met le mot *demi* lorsqu'il est placé après un substantif pluriel?

392. Qu'y a-t-il à remarquer sur l'accord de l'adjectif *feu?*

393. Qu'y a-t-il à remarquer sur l'accord de l'adjectif numéral *mille ?* — Quand le mot *mille* prend-il la marque du pluriel ?

394. — MIL-HUIT CENT-QUARANTE-SEPT. — Le nombre *mille* s'écrit par abréviation *mil* dans l'énoncé des années depuis J.-C.

395 — QUATRE-VINGTS; QUATRE-VINGT-QUATRE. — DEUX CENTS; DEUX CENT-CINQUANTE. — Les nombres *vingt* et *cent* multipliés par un autre nombre se mettent au pluriel; mais ils restent invariables quand ils sont suivis d'un autre nombre.

396. — CHAPITRE QUATRE-VINGT. FOLIO DEUX CENT. — Lorsque les nombres *vingt* et *cent* sont employés comme nombres ordinaux, ils ne se mettent pas au pluriel : *chapitre quatre-vingt* est mis pour *chapitre quatre-vingtième; folio deux cent*, pour *folio deux centième*.

397. — JE POSSÈDE QUELQUES LIVRES. — Lorsque *quelque* modifie un substantif, il est adjectif et s'accorde.

398. — ILS SONT MODESTES, QUELQUE SAVANTS QU'ILS SOIENT.— Lorsque *quelque* modifie un adjectif ou un adverbe, il est adverbe et reste invariable.

399. — QUELLE QUE SOIT SA FORTUNE. — Lorsque *quel que* est avant un verbe, il forme deux mots dont le premier, *quel*, est un adjectif et s'accorde avec le substantif suivant; le second, *que*, est une conjonction invariable.

400. — TOUT HOMME, TOUS LES HOMMES; TOUTES LES FEMMES. — Lorsque le mot *tout* modifie un substantif, il est adjectif et s'accorde.

401. — CES DAMES SONT TOUT ÉTONNÉES. — Lorsque *tout* modifie un adjectif ou un adverbe, il est adverbe et reste invariable. Dans ce cas il signifie *entièrement tout à fait.*

402. — CETTE ROSE EST TOUTE FLÉTRIE, MA SOEUR EST TOUTE HONTEUSE. — Lorsque *tout* se rapporte à un adjectif féminin commençant par une consonne ou une *h* aspirée, il s'accorde par euphonie quoiqu'il soit adverbe.

---

394. Quand le nombre *mille* s'écrit-il *mil?*
395. Quand les nombres *vingt* et *cent* se mettent-ils au pluriel ?
396. Comment écrit-on *vingt* et *cent* dans *chapitre quatre-vingt*, *page deux cent?* — Pourquoi ?
397. Quand le mot *quelque* s'accorde-t il ?
398. Quand le mot *quelque* est-il invariable ?
399. Quand *quel que* s'écrit-il en deux mots ?
400. Quand le mot *tout* s'accorde-t-il ?
401. Quand le mot *tout* est-il invariable ?
402. Qu'y a-t-il à remarquer sur l'adverbe *tout* avant une consonne ou une *h* aspirée ?

CHAPITRE VI

ACCORD ET ORTHOGRAPHE DES VERBES

403. — JE CHANTE, TU CHANTES, IL CHANTE, NOUS CHANTONS. — Les verbes s'accordent en nombre et en personne avec leur sujet. — C'est le sujet qui détermine le nombre et la personne du verbe.

404. — IL DANSE, ELLE DANSE. — Les verbes ne s'accordent pas en genre, parce qu'ils ne prennent pas de terminaison particulière selon le genre du sujet.

405. — MON PÈRE ET MA MÈRE DINENT EN VILLE ; NI MON PÈRE NI MA MÈRE NE DINENT EN VILLE. — Lorsqu'un verbe a pour sujet plusieurs substantifs singuliers unis par la conjonction *et* ou *ni*, il se met au pluriel. (382.)

406. — MON PÈRE OU MA MÈRE VIENDRA CE SOIR ; EST-CE LA TÊTE OU LES PIEDS QUI TE FONT MAL ? — Lorsqu'un verbe a pour sujet deux substantifs unis par la conjonction *ou*, il ne s'accorde qu'avec le dernier. (384.)

407. — SA COLÈRE, SA FUREUR NOUS GLAÇA D'ÉPOUVANTE. — Quand un verbe a pour sujet deux substantifs synonymes, exprimant seulement une gradation dans la pensée, il ne s'accorde qu'avec le dernier. (385.)

408. — C'EST MOI QUI PARLE ; C'EST NOUS QUI SOMMES MALHEUREUX. — Le verbe qui a pour sujet le pronom relatif *qui* se met à la personne de l'antécédent de ce pronom, parce que le pronom *qui* est toujours de la personne de son antécédent.

D'après cette règle on écrira : *c'est toi qui parles; c'est nous*

---

403. Comment s'accordent les verbes ? — Qu'est-ce qui détermine le nombre et la personne du verbe ?

404. Pourquoi les verbes ne s'accordent-ils pas en genre ?

405. Qu'y a-t-il à remarquer sur l'accord du verbe qui a pour sujet plusieurs substantifs singuliers unis par la conjonction *et* ou *ni ?*

406. Qu'y a-t-il à remarquer sur l'accord d'un verbe qui a pour sujet deux substantifs unis par la conjonction *ou ?*

407. Qu'y a-t-il à remarquer sur l'accord d'un verbe qui a pour sujet deux substantifs synonymes ?

408. De quelle personne est le pronom relatif *qui ?* — A quelle personne se met le verbe qui a pour sujet le pronom relatif *qui ?*

qui parlons; c'est moi qui ai parlé; c'est toi qui as chanté; voilà mon père et ma mère qui arrivent.

409. — ON PART, ON PARTAIT. — Le verbe qui a pour sujet le pronom indéfini *on* se met toujours à la troisième personne du singulier.

409 *bis*.— VOUS ET MOI SERONS BLAMÉS. —Le verbe qui a pour sujet deux personnes différentes s'accorde avec la personne qui a la priorité; la 1re a la priorité sur la 2e, et la 2e sur la 3e.

410.—J'AI DINÉ; JE VAIS DINER. — Lorsque deux verbes se suivent, le second se met à l'infinitif, à moins que le premier verbe ne soit un auxiliaire servant à former un temps composé; dans ce cas, le second verbe doit être au participe passé.

Remarque. Cette observation n'est nécessaire que pour les verbes de la première conjugaison, dont le participe passé et l'infinitif pourraient être confondus à raison de la même consonnance. Quant aux autres conjugaisons, la prononciation ne permet pas de les confondre, comme dans *j'ai couru, je vais courir*.

411. — VOUS PARLEZ, JE VEUX VOUS PARLER. — Le verbe précédé du pronom *vous* se met à la seconde personne du pluriel quand il a ce pronom pour sujet, comme dans *vous parlez;* il se met à l'infinitif quand ce pronom est régime, comme dans *je veux vous parler*.

412. — JE LOUERAI, JE SALUERAI, JE PRIERAI. — Dans les verbes de la première conjugaison en *ouer, uer, ier,* les finales *rai, rais*, du futur et du conditionnel, doivent être précédées d'un *e* muet, parce que ces temps sont formés de l'infinitif en ajoutant *ai, ais*.

Remarque. Cet *e* muet n'est point par conséquent le fait d'une irrégularité, mais résulte de la loi de la formation des temps.

413.— JE PERDRAI, JE PERDRAIS.— On doit écrire *je perdrai* et non *je perderai,* parce que dans les verbes de la quatrième conjugaison, le futur et le conditionnel se forment du présent de l'in-

---

409. A quelle personne se met le verbe qui a pour sujet le pronom indéfini *on?*

409 *bis*. Même question quand le sujet est de différentes personnes.

410. Qu'y a-t-il à remarquer sur deux verbes qui se suivent? — Pour quels verbes cette remarque est-elle nécessaire?

411. Pourquoi *parler* est-il à la seconde personne du pluriel dans *vous parlez* et ne s'accorde-t-il pas avec *vous* dans *je veux vous parler?*

412. Pourquoi y a-t-il un *e* muet dans *je louerai, je saluerai?*

413. Pourquoi écrit-on *je perdrai* et non *je perderai?*

finitif en changeant *re* en *rai*. Si l'on écrivait *je perderai*, cela voudrait dire que ce verbe fait à l'infinitif *perder* et non *perdre*.

414.— VOUS PRIEZ AUJOURD'HUI ; VOUS PRIIEZ HIER. — Les verbes de la première conjugaison en *ier* prennent deux *i* aux deux premières personnes du pluriel de l'imparfait de l'indicatif et du présent du subjonctif, parce que ces deux temps se forment du participe présent en changeant, pour ces deux personnes, *ant* en *ions, iez* ; d'où il résulte que de *pri-ant* on a fait *pri-ions, pri-iez*.

Remarque. Ces deux *i* ne sont point par conséquent le fait d'une irrégularité, mais résultent de la loi de la formation des temps ; le premier appartient à la racine, et le second à la finale. Au présent de l'indicatif il n'y a qu'un seul *i*, parce qu'il n'y en a point à la finale.

415. — NOUS ESSUYONS ; IL FAUT QUE NOUS ESSUYIONS. — Les verbes de la première conjugaison en *yer* prennent un *i* après l'*y* aux deux premières personnes du pluriel de l'imparfait de l'indicatif et du présent du subjonctif, parce que ces deux temps sont formés du participe présent en changeant, pour ces deux personnes, *ant* en *ions, iez;* d'où il résulte que d'*essuy-ant* on a fait *essuy-ions*, *essuy-iez*.

Remarque. Cet *i* n'est point une irrégularité ; il appartient à la finale et résulte de la loi de la formation des temps.

416. — ESSAYER, J'ESSAIE, J'ESSAIERAI. — Dans les verbes en *yer*, l'*y* se change en *i* avant une syllabe muette.

Le verbe *rayer* conserve l'*y* au futur et au conditionnel.

Le verbe *payer* conserve l'*y* ou prend un *i* avant un *e* muet.

La règle des verbes en *yer* s'applique aux verbes qui, sans être terminés en *yer*, ont le participe présent en *ayant*, comme *ayant, voyant, fuyant*. L'*y* se change en *i* avant un *e* muet dans les temps formés du participe présent : *nous voyons, ils voient, que je voie*, etc. (Voyez *balayer* aux verbes irréguliers).

417. — PLACER, NOUS PLAÇONS, JE PLAÇAIS. — Dans les verbes

---

414. Pourquoi les verbes en *ier* ont-ils deux *i* aux deux premières personnes du pluriel de l'imparfait de l'indicatif et du présent du subjonctif ? — Les deux *i* des deux premières personnes du pluriel sont-ils une irrégularité ? — Pourquoi n'y en a-t-il qu'un seul au présent de l'indicatif ?

415. Pourquoi les verbes en *yer* prennent-ils un *i* après l'*y* aux deux premières personnes du pluriel de l'imparfait de l'indicatif et du présent du subjonctif? — Cet *i* est il une irrégularité? — Pourquoi n'y en a-t-il pas au présent de l'indicatif?

416. Quelle est la règle des verbes en *yer* relativement à l'*y ?*

417. Qu'y a-t-il à remarquer sur les verbes en *cer* et en *cevoir?*

en *cer* et en *cevoir* on met une cédille sous le *c* avant *a*, *o*, afin d'en conserver la prononciation douce.

418. — MANGER, NOUS MANGEONS, NOUS MANGIONS. — Dans les verbes en *ger*, le *g* est suivi d'un *e* euphonique avant *a*, *o*, afin de conserver la prononciation douce.

Remarque. Cet *e*, qui est purement euphonique, n'appartient ni à la racine ni à la finale du verbe.

419. — EPELER, J'ÉPELLE ; JETER, JE JETTE. — Dans les verbes en *eler* et en *eter* on double l'*l* et le *t* avant une syllabe muette, parce que, dans ce cas, l'avant dernier *e* devient ouvert. Les verbes *geler*, *deceler*, *harceler*, *peler*, *bourreler* et *acheter* ne doublent pas la consonne et prennent un accent grave sur l'avant dernier *e* : *je gele*, *j'achèle*, et non *je gelle*, *j'achette*, etc.

Remarque. Pour éviter des exceptions inutiles, quelques personnes ne doublent la consonne dans aucun verbe, et mettent l'accent grave ; elles écrivent ainsi : *j'épèle*, *j'épèlerai* ; *je jète*, *je jèterai*. (Voy. n°s 461 et 462.)

420. — SEMER, JE SÈME, JE SÈMERAI : RÉVÉLER, JE RÉVÈLE, JE RÉVÈLERAI. — Dans les verbes de la première conjugaison dont la dernière syllabe est précédée d'un *e* muet ou d'un *e* fermé, cet *e* devient ouvert quand la syllabe suivante est muette, et prend un accent grave.

Il faut en excepter les verbes en *éger* et *éer*, comme *protéger*, *alléger*. *créer*, *suppléer*, qui conservent l'accent aigu. On écrit : *je protége*, *je protégerai*, *je crée*, *je créerai*. (V. n°s 463-464).

CHAPITRE VII

ACCORD DES PARTICIPES

§ I. — *Participe présent.*

421. — J'AI VU DES ENFANTS ÉTUDIANT LEURS LEÇONS. — Le participe présent est invariable.

---

418. Qu'y a-t-il à remarquer sur les verbes en *ger?* — L'*e* de *je mangeais* appartient il à la racine ou à la finale? — Même question sur l'*e* de *je mange*.

419. Quelle est la règle des verbes en *eler* et *eter?* — Pourquoi double-t-on la consonne dans les verbes en *eler* et *eter?* — Quels sont les verbes en *eler* et *eter* qui ne doublent pas la consonne?

420. Qu'y a-t-il à remarquer sur les verbes *semer*, *révéler* et autres verbes analogues?

421. Qu'y a-t-il à remarquer sur le participe présent relativement à l'accord?

422. — ON AIME LES ENFANTS OBLIGEANTS ET QUI SONT CARESSANTS. — Lorsque le participe présent est employé comme adjectif verbal, il s'accorde comme les autres adjectifs.

423. — On distingue le participe présent de l'adjectif verbal, en ce que le participe présent exprime une action et peut être remplacé par un autre temps du verbe. Dans cette phrase : ***J'ai vu des enfants étudiant leurs leçons***, on peut dire : ***qui étudiaient leurs leçons.*** L'adjectif verbal exprime une qualité et peut-être accompagné du verbe *être*. ***On aime les enfants obligeants***, c'est-à-dire ***qui sont obligeants.***

§ II. — *Participe passé.*

424. — CES CHAMBRES MEUBLÉES SONT LOUÉES. LA CAGE OÙ SONT RENFERMÉS LES OISEAUX. — Le participe passé conjugué avec le verbe ***être***, exprimé ou sous-entendu, est adjectif verbal et s'accorde avec son sujet. (Voy. n° 380).

Remarques.— 1° Quand un participe passé est conjugué sans auxiliaire, c'est toujours le verbe ***être*** qui est sous-entendu. Exemple : *Nous arrivons* ÉPUISÉS ***de fatigue***, c'est-à-dire ***étant épuisés.***

2° La place du sujet avant ou après ne fait rien à l'accord du participe conjugué avec le verbe *être*.

Mode d'explication. — Dans cette phrase : ***Des chambres*** MEUBLÉES, *meublées* est au féminin pluriel, parce que c'est un participe passé conjugué avec le verbe ***être*** sous-entendu, et qu'il s'accorde avec son sujet ***chambres*** qui est du féminin pluriel. ***Qui est-ce qui sont meublées?*** Réponse.: ***Les chambres.***

Autre explication.— ***Meublées*** est au féminin pluriel, parce que c'est un adjectif verbal qui se rapporte à ***chambres*** qui est du féminin pluriel.

425.— J'AI CHERCHÉ MES LIVRES, ET JE NE LES AI PAS TROUVÉS.

---

422. Qu'y a-t-il à remarquer sur l'orthographe du participe présent employé comme adjectif verbal?

423. Comment distingue-t-on le participe présent de l'adjectif verbal en *ant?*

424. Quelle est la règle de l'accord du participe passé conjugué avec *être?*

Qu'y a-t-il à remarquer sur le participe passé conjugé sans auxiliaire ?

La place du sujet influe-t-elle sur l'accord du participe passé conjugué avec *être?*

425. Quelle est la règle de l'accord du participe passé conjugué avec *avoir?*

A quoi doit-on avoir égard pour l'accord quand le participe passé est conjugué avec *avoir?*

Le verbe *avoir* est-il quelquefois sous-entendu?

— Le participe passé conjugué avec le verbe *avoir* s'accorde avec son régime direct quand il en est précédé, et reste invariable quand il en est suivi.

Remarques. — 1° Quand le participe passé est conjugué avec le verbe *avoir*, on n'a égard ni au sujet ni au régime indirect, mais seulement au régime direct et à la place qu'il occupe.

2° Le verbe *avoir* n'est jamais sous-entendu. Quand il n'y a point d'auxiliaire, c'est toujours le verbe *être* qui est sous-entendu.

Mode d'explication. — Dans la phrase ci-dessus : *cherché* est invariable, parce que c'est un participe passé conjugué avec le verbe *avoir*, et qu'il est suivi de son régime direct *livres*. *J'ai cherché*, QUOI? Rép. *Les livres.*

Trouvés est au masculin pluriel, parce que c'est un participe passé conjugué avec le verbe *avoir*, et qu'il est précédé de son régime direct *les*, remplaçant *livres*, qui est du masculin pluriel. *Je n'ai pas trouvé*, QUOI? Rép. *Les livres.*

Dans cette phrase : *Les lettres que j'ai reçues*, *reçues* est du féminin pluriel, parce que c'est un participe passé conjugué avec le verbe *avoir*, et qu'il est précédé de son régime direct *que*, mis pour *lesquelles*, rappelant l'idée de *lettres*, qui est du féminin pluriel. *J'ai reçu*, QUOI? Rép. *Les lettres.*

426. — MES SOEURS SONT ALLÉES SE PROMENER. — Les participes passés des verbes neutres conjugués avec le verbe *être* s'accordent avec leur sujet comme les autres participes ou adjectifs verbaux.

427. — NAPOLÉON Ier A RÉGNÉ DIX ANS. LES DIX ANNÉES QUE NAPOLÉON Ier A RÉGNÉ. — Les participes passés des verbes neutres conjugés avec *avoir*, n'ayant pas de régime direct, sont toujours invariables.

Remarque. — Dans la phrase ci-dessus, *dix ans* n'est pas le régime direct du verbe *régner*, comme on pourrait le croire, mais d'une préposition sous-entendue; c'est comme s'il y avait : *Il a régné pendant dix années; les dix années pendant lesquelles il a régné.*

Mode d'explication. — Dans les exemples ci-dessus : *régné* est invariable, parce que c'est le participe passé d'un verbe neu-

---

426. Comment s'accordent les participes passés des verbes neutres conjugués avec *être?*

427. Qu'y a-t-il à remarquer sur les participes passés des verbes neutres conjugués avec *avoir?*

Les participes passés des verbes neutres sont-ils toujours invariables?

La préposition qui marque le régime indirect des verbes neutres est-elle toujours exprimée?

tre conjugué avec *avoir*, et qu'il n'a pas de régime direct.

428. — MA SŒUR S'EST TROUBLÉE. ELLE S'EST DONNÉ DE LA PEINE. — Dans les verbes refléchis le verbe *être* est employé pour le verbe *avoir*, c'est pourquoi le participe passé s'accorde, s'il y a lieu, avec le régime direct, et non avec le sujet. Les phrases ci-dessus sont mises pour : *Ma sœur a troublé soi* ou *elle; elle a donné de la peine à soi* ou *à elle*.

Mode d'explication.—Dans : *Ma sœur s'est troublée, troublée* est au féminin singulier, parce que c'est le participe passé d'un verbe réflechi conjugué avec *être*, mis pour *avoir*, et qu'il est précédé de son regime direct *se*, remplaçant *sœur*, qui est du féminin singulier. *Ma sœur a troublé*, QUI ? Rép. *Soi* ou *elle*.

Elle s'est donné de la peine ; donné est invariable, parce que c'est le participe passé d'un verbe refléchi conjugué avec *être*, mis pour *avoir*, et qu'il est suivi de son régime direct *peine Elle a donné*, QUOI? Rép. *De la peine ;* A QUI ? Rép. *A soi* ou *à elle*.

CHAPITRE VIII

EMPLOI DE CERTAINS SIGNES ORTHOGRAPHIQUES.

§ I. — *Des accents.*

429. — SÉ-VÉ-RI-TÉ, MARCHÉ, MARCHER. — On emploie l'accent aigu sur les *é* fermés quand ils finissent la syllabe.

On n'en met pas sur l'*e* de *marcher*, parce qu'il ne termine pas la syllabe.

430. — LA VÉRITÉ, LES VÉRITÉS, FACHÉ, FACHÉE. — Lorsqu'un mot est terminé au singulier par un *é* avec un accent aigu, l'*é*

---

428. Qu'y-a-il à remarquer sur l'accord des participes passés des verbes réfléchis ?

Pourquoi les participes passés des verbes réfléchis s'accordent-ils avec le régime direct et non avec le sujet, puisqu'ils sont conjugués avec le verbe *être* ?

Quand on fait la question pour trouver le régime d'un verbe réfléchi, se sert-on du verbe *être* ou du verbe *avoir* ?

429 Quand emploie-t-on l'accent aigu ? — Pourquoi n'y a-t-il pas d'accent aigu dans *chanter* ?

430. Pourquoi un accent aigu dans *les bontés*, puisque l'*e* ne finit pas la syllabe ?

conserve l'accent malgré l'addition de l'*s* pour le pluriel, ou de l'*e* muet pour le féminin.

431. — LE FRÈRE, LE SUCCÈS. — L'*è* ouvert prend un accent grave quand il termine la syllabe, ou quand il est dans la dernière syllabe d'un mot terminé par une *s*; excepté dans *les*, *des*, *mes*, *tes*, *ses*, *ces*.

On ne met pas d'accent grave sur le premier *e* de *lettre*, parce que cet *e* ne termine pas la syllabe.

Remarque. L'*è* ouvert ne se trouve que dans les syllabes suivies d'une syllabe muette.

On met encore un accent grave sur les prépositions *à* et *voilà*, et sur les adverbes *où* et *là*.

432. — PRÉTEXTER, EXAMINER. — L'*e* suivi d'un *x* ne prend jamais d'accent, parce que l'*x* se composant de l'articulation double *cs* ou *gz*, dans la prononciation l'*e* ne finit pas la syllabe.

433. — CHATEAU, BÊTE, FÊTE, ÉPÎTRE. — L'accent circonflexe se met sur les voyelles longues; il indique ordinairement la suppression d'une *s* et quelquefois d'une autre lettre, qu'on retrouve presque toujours dans l'étymologie ou dans un mot de la même famille.

Château s'écrivait *chasteau*; on retrouve l'*s* dans *castel*. — *Bête*, autrefois *beste*; on retrouve l'*s* dans *bestial*. — *Fête*, autrefois *feste*; on retrouve l'*s* dans *festin*. — *Epître*, autrefois *épistre*; on retrouve l'*s* dans *épistolaire*. — *Connaître*, autrefois *connoistre*; on retrouve l'*s* dans *connaissance*. — *Age*, autrefois *aage*. — *Être*, autrefois *estre*. — *Prêtre*, autrefois *prestre*; on retrouve l'*s* dans *presbytère*.

434. — UN FRUIT MÛR; UN HOMME SÛR; CELA M'EST DÛ; IL S'EST TÛ. — On met un accent circonflexe dans les adjectifs *mûr* et *sûr* et dans les participes *dû* et *tû*, quoiqu'il ne remplace aucune lettre, mais pour les distinguer de leurs homonymes *mur*, *sur*, *du* et *tu*. — On l'emploie également à la première et à la seconde personne plurielle du passé indéfini, *nous chantâmes*, *vous finîtes*, et à la troisième personne singulière de l'imparfait du subjonctif, *qu'il reçût*, *qu'il rendît*.

---

431. Quand emploie-t-on l'accent grave? — Pourquoi n'y a-t-il pas d'accent grave sur le premier *e* de *terre*? — Qu'y a-t-il à remarquer sur la syllabe qui suit celle où il y a un *e* ouvert?

432. Qu'y a-t-il à remarquer sur l'*e* avant un *x*?

433 Que marque ordinairement l'accent circonflexe?

434. Pourquoi met-on un accent circonflexe sur les adjectifs *mûr*, *sûr*, et sur les participes *dû* et *tû*? — A quels temps et à quelles personnes des verbes l'emploie-t-on?

435.— POÈME, POËTE, POÉSIE, CHLOÉ. — Ces mots s'écrivaient autrefois *poëme, poëte, poësie, Chloë,* avec un tréma. Le tréma n'étant pas nécessaire sur ces mots, on le remplace par un accent.

§ II. — *De l'apostrophe* (Voy n° 50).

436. — DONNEZ-LE A VOTRE FRÈRE. PRÊTEZ-LA A VOTRE SOEUR. — Dans les pronoms *le* et *la* employés après un impératif on ne remplace pas la lettre finale par une apostrophe, quoique le mot suivant commence par une voyelle.

437. — QUELQU'UN, QUELQU'AUTRE. — *Quelque* ne perd l'*e* final qu'avant les mots *un, autre*.

D'après cette règle on doit écrire *quelque agréable* et non *quelqu'agréable*.

438. — PRESQU'ILE. — Le mot *presque* ne perd l'*e* que dans *presqu'île*.

439. — ENTR'AIDER, ENTR'OUVRIR, ENTR'ACTE. — *Entre* ne perd l'*e* final que lorsqu'il entre dans la composition d'un mot, hors cela l'élision n'a pas lieu ; on écrit sans apostrophe : *entre eux, entre autres, entre elles*.

440. — LORSQUE, LORSQU'IL. — Le mot *lorsque* s'écrit sans apostrophe parce que ce n'est qu'un seul mot, et que si l'on écrivait *l'orsque* cela voudrait dire *le orsque* ou *la orsque*. Il perd l'*e* final avant une voyelle.

441. GRAND'MÈRE, GRAND'MESSE, GRAND'RUE. — Dans le mot *grande* on remplace l'*e* final par une apostrophe dans quelques mots composés, quoiqu'il ne soit pas suivi d'une voyelle, quand il fait partie du nom de la chose dont on parle. Lorsqu'il n'exprime qu'une qualité qu'on peut retrancher, on ne met pas d'apostrophe. Ainsi l'on écrira : *Je couche dans une grande chambre ; dans la grand'chambre du château ; la rue Saint-Honoré est une grande rue ; je demeure dans la grand'rue.* On écrit aussi avec une apostrophe *grand'peur, grand'peine.*

§ III. — *Lettres euphoniques.*

442. — CHANTE-T-IL ? CHANTERA-T-ON ? — On met un *t* eupho-

---

435. Qu'y a-t-il à remarquer sur l'accent des mots poëme, poëte, etc.?
436. Qu'y a-t-il à remarquer sur les pronoms *le, la*, après un impératif, relativement à l'apostrophe ?
437. Avant quels mots *quelque* prend-il une apostrophe ?
438. Avant quel mot *presque* prend-il une apostrophe ?
439. Quand le mot *entre* prend-il une apostrophe ?
440. Pourquoi ne doit-on pas écrire *l'orsque* avec une apostrophe ?
441. Dans quels cas remplace-t-on l'*e* final de *grande* par une apostrophe ?
442. Quand emploie-t-on le *t* euphonique ?

nique pour éviter un hiatus entre le verbe et le pronom à la troisième personne du singulier des verbes à la forme interrogative, lorsque cette personne est terminée par une voyelle.

Le *t* euphonique se place entre deux traits d'union.

443. — VA-T-IL? VA-T'EN. — Dans *va-t-il* on met le *t* entre deux traits d'union, parce que c'est un *t* euphonique. Dans *va-t'en* on met une apostrophe, parce que le *t* n'est point une lettre euphonique, mais le pronom personnel *te; va-t'en* est mis pour *va te en.*

444. — CHERCHES-EN, VAS-Y. — On met une *s* euphonique à la 2e personne du singulier de l'impératif des verbes de la première conjugaison, lorsque le mot suivant commence par une voyelle.

445. — SI L'ON VIENT. — On met une *l* euphonique suivie d'une apostrophe avant le pronom *on,* quand elle est nécessaire pour éviter un *hiatus*.

Remarques. 1° L'*l* euphonique n'étant pas un mot, l'apostrophe dans ce cas ne remplace aucune lettre.

2° On ne doit jamais commencer une phrase par *l'on,* attendu que dans ce cas la lettre euphonique n'est pas nécessaire.

3° On dira : *Si on le lui dit* et non *si l'on le lui dit*, parce que cette rencontre de plusieurs *l* formerait une consonnance plus désagréable qu'un hiatus.

446. — MANGEONS, MANGEAIS, PIGEON, GAGEURE (prononcez gajure). — L'*e* euphonique s'emploie après le *g* pour en adoucir la prononciation quand il est suivi d'un *a,* d'un *o* ou d'un *u,* dans les verbes en *ger* et dans quelques substantifs.

§ IV. — *Le trait d'union.*

447. — FINIS-TU? REÇOIS-LE, CHANGE-T-IL? — Le trait d'union s'emploie : 1° dans les verbes à la forme interrogative entre le verbe et le pronom; 2° entre l'impératif et le pronom qui lui sert de régime; 3° avant et après le *t* euphonique.

448. — ARC-EN-CIEL; CIEL-DE-LIT. — Le trait d'union s'emploie dans les substantifs composés dont les parties sont encore séparées. On n'en met pas dans les mots composés dont les

---

443. Pourquoi écrit-on *va-t'en* avec une apostrophe et *va-t-il* sans apostrophe?

444. Quand emploie-t-on l's euphonique?

445. Quand emploie-t-on l'*l* euphonique? — Quelle lettre remplace l'apostrophe placée après l'*l* euphonique? — L'*l* euphonique forme-t-elle un mot? — Pourquoi ne doit-on pas commencer une phrase par *l'on*? — Pourquoi ne faut-il pas dire : *si l'on le lui dit?*

446. Quand emploie-t-on l'*e* euphonique?

447. Quand emploie-t-on le trait d'union dans les verbes?

448. Quand emploie-t-on le trait d'union dans les substantifs?

parties ne forment plus qu'un seul mot, comme *portecrayon*, *portefeuille*.

On l'emploie aussi dans quelques locutions adverbiales et prépositives. (Voyez la liste de ces locutions, p. 41 et 51.)

449. — TRÈS-GRAND, TRÈS-CERTAINEMENT. — On met généralement un trait d'union entre l'adverbe *très* et l'adjectif ou l'adverbe qu'il modifie. Quelques personnes n'en mettent pas.

450. — DEUX MILLE-SEPT CENT TRENTE-SIX. — On met un trait d'union dans les nombres pour remplacer le mot *plus*. Le nombre ci-dessus signifie : *deux mille*, plus *sept cent*, plus *trente*, plus *six*. On en met un dans *quatre vingts* et *quinze-vingts*, quoique ces nombres signifient *quatre fois vingt*, *quinze fois vingt*.

§ V. — *Lettres majuscules.*

451. — PARIS. LA FRANCE. — La règle générale pour l'emploi des lettres majuscules est d'en mettre : 1° Au commencement de chaque phrase; 2° après deux points, lorsqu'on cite les paroles ou l'écrit de quelqu'un ; 3° au commencement de chaque vers; 4° au commencement de tous les noms propres ; 5° au commencement des noms communs employés comme noms propres, comme dans : *Le* SEIGNEUR *dit à Jacob ; le* PÈRE *céleste ;* DIEU *est juste*.

Remarque. — En parlant des dieux du paganisme, le mot *dieu* est un nom commun qui ne prend pas de majuscule.

452. — SAINT-SIMON, LOUIS LE GRAND, NOUVELLE-HOLLANDE. — Les adjectifs joints à un nom propre et qui font partie de ce nom prennent des initiales majuscules.

453. — LES FRANÇAIS, LA MER ROUGE. — Les noms de peuples et les adjectifs employés comme noms propres prennent des initiales majuscules.

454. — SIRE. VOTRE MAJESTÉ. SON EXCELLENCE. SA GRANDEUR. — Les titres honorifiques donnés aux empereurs, aux rois, à certains dignitaires civils et ecclésiastiques s'écrivent avec la majuscule.

455. — LA DISETTE AU TEINT BLÊME ET LA TRISTE FAMINE. — Les substantifs qui expriment des êtres personnifiés prennent des initiales majuscules.

---

449. Qu'y a-t-il à remarquer sur le trait d'union après l'adverbe *très*?
450. Quand emploie-t-on le trait d'union dans les nombres ?
451. Quelle est la règle générale pour l'emploi des lettres majuscules?
452. Pourquoi une *s* majuscule dans Saint-SIMON ?
453. Pourquoi des lettres majuscules dans : *Les Anglais ont fait la guerre aux Chinois ? — La mer Noire ?*
454. Pourquoi des lettres majuscule dans *Sa Majesté?*
455. Pourquoi une *f* majuscule dans *la triste Famine?*

CHAPITRE IX

VOCABULAIRE DES VERBES IRRÉGULIERS ET DES VERBES A DIFFICULTÉS LES PLUS USITÉS.

Nota. — Les cinq temps primitifs sont toujours rangés dans l'ordre suivant : *Présent de l'infinitif, participe présent, participe passé, présent de l'indicatif* et *passé défini*. On a indiqué de plus la conjugaison des temps qui pourraient embarrasser.

Première Conjugaison.

456. — Aller, *allant, allé, je vais, j'allai* (avec *être*).
(Voyez la conjugaison entière de ce verbe, page 44, et la règle n° 426).

457. — Balayer, *balayant, balayé, je balayai.*
Je balaie, tu balaies, nous balayons, vous balayez, ils balaient. — Je balayais, nous balayions. — Je balaierai. — Je balaierais. — Que je balaie, que tu balaies, qu'il balaie, que nous balayions, que vous balayiez, qu'ils balaient. (Voyez n°s 415, 416.)

458. — Bayer, *bayant* (part. p. nul), *je baye, je bayai.*
Ce verbe n'est guère usité que dans l'expression familière *bayer aux corneilles*

459. — S'en aller (comme *aller*).
Dans les temps composés, l'auxiliaire se place entre *en* et le participe; on dit : *Je m'en suis allé* et non *je me suis en allé.* Avec la conjonction *donc* à l'impératif, il faut dire : *Allez-vous-en donc*, et non *allez donc vous en.*

A la deuxième personne du singulier de l'impératif, on doit écrire *va-t'en* et non *va-t-en*, parce que le *t* n'est point euphonique comme dans *va t-il? chante-t-il?* c'est le pronom *te*, attendu que le verbe *s'en aller* est réfléchi; *va-t'en* est une élision de *va-te-en* (Voyez n° 443).

460. — Envoyer, *envoyant, envoyé, j'envoie, j'envoyai.*
Futur. j'enverrai. — *Conditionnel présent.* j'enverrais.
Les autres temps comme *balayer* (Voyez n° 457).

461. — Epeler, *épelant, épelé, j'épelle, j'épelai.*

J'épelle, tu épelles, il épelle, nous épelons, vous épelez, ils épellent, *ou* j'épèle, tu épèles, il épèle, nous épelons, vous épelez, ils épèlent. — J'épellerai ou j'épèlerai. — J'épellerais ou j'épèlerais. — Que j'épelle ou que j'épèle (Voyez n° 419).

462. — Jeter, *jetant, jeté, je jette, je jetai.*

Je jette, tu jettes, il jette, nous jetons, vous jetez, ils jettent; ou je jète, tu jètes, etc. (Voyez n° 419).

463. — Lever, *levant, levé, je lève, je levai.*

Je lève, tu lèves, il lève, nous levons, vous levez, ils lèvent. — Je lèverai, etc. (Voyez n° 420.)

464. — Régler, *réglant, réglé, je règle, je réglai.*

Je règle, tu règles, il règle, nous réglons, vous réglez, ils règlent. — Je règlerai. — Je règlerais. — Que je règle, que nous réglions. (Voyez n° 420.)

465. — Tracer, *traçant, tracé, je trace, je traçai* (V. n° 417).

466. — Venger, *vengeant, vengé, je venge, je vengeai* (V. n° 418).

Seconde Conjugaison.

467. — Acquérir, *acquérant, acquis, j'acquiers, j'acquis.*

J'acquiers, tu acquiers, il acquiert, nous acquérons, vous acquérez, ils acquièrent. — J'acquérais. — J'acquerrai. — J'acquerrais. — Que j'acquière, que tu acquières, qu'il acquière, que nous acquiérions, que vous acquiériez, qu'ils acquièrent.

Conjuguez de même : *conquérir, reconquérir, requérir, s'enquérir.*

468. — Assaillir, *assaillant, assailli, j'assaille, j'assaillis.*

Futur, j'assaillirai; — *conditionnel présent*, j'assaillirais. Les autres temps comme *saillir* irrégulier (voyez ce verbe).

469. — Bénir, *bénissant; bénit, bénite, ou béni, bénie; je bénis; je bénis.*

Ce verbe est entièrement régulier et se conjugue comme *finir*, excepté au participe passé, où il a deux formes, *béni* et *bénit.*

470. — Bouillir, *bouillant, bouilli, je bous, je bouillis.*

Je bous, tu bous, il bout, nous bouillons, vous bouillez, ils bouillent. — Je bouillais. — Je bouillirai. — Que je bouille. — Que je bouillisse.

Remarque. On comprend qu'il ne faut pas dire : *nous bouillissons, vous bouillissez, ils bouillissent; je bouillissais*, etc., parce qu'au participe présent il fait *bouillant* et non *bouillissant.*

471. — Courir, *courant, couru, je cours, je courus.*

Futur, je courrai. — *Conditionnel présent*, je courrais. — *Subjonctif présent*, que je coure, que tu coures, qu'il coure.

Conjuguez de même : *accourir, concourir, discourir, encourir, parcourir, recourir, secourir.*

Remarque. Les deux *r* du futur et du conditionnel ne sont point une irrégularité. Si le verbe était régulier il ferait *je courirai;* l'irrégularité est dans la suppression de l'*i*.

472. — Cueillir, *cueillant, cueilli, je cueille, je cueillis.*

Je cueille, tu cueilles, il cueille. — Je cueillerai. — Je cueillerais.

Conjuguez de même : *accueillir, recueillir.*

473. — Dormir, *dormant, dormi, je dors, je dormis.*

Conjuguez de même : *s'endormir, se rendormir.*

474. — Faillir, *faillant, failli, je faux, je faillis.*

Je faux, tu faux, il faut, nous faillons, vous faillez, ils faillent. — Je faillais. — Je faudrai. — Je faudrais.

Ce verbe n'est plus usité qu'à l'infinitif, au pluriel du présent de l'indicatif, au passé défini, au passé indéfini et au plus-que-parfait. On dit encore quelquefois *le cœur me faut,* c'est-à-dire me manque. *Au bout de l'aune faut le drap,* c'est-à-dire toutes choses ont leur fin. Au futur on dit aujourd'hui *je faillirai.*

Conjuguez de même *défaillir.*

475. — Fleurir (produire des fleurs), *fleurissant, fleuri, je fleuris, je fleuris.*

Ce verbe est régulier dans le sens propre, c'est-à-dire quand il signifie *produire des fleurs.* On dit : nous fleurissons, vous fleurissez, ils fleurissent. Je fleurissais. Que je fleurisse.

Fleurir (prospérer), *florissant, fleuri, je fleuris, je fleuris.*

Au figuré, c'est-à-dire dans le sens de *prospérer,* ce verbe fait au participe présent *florissant,* et conserve cette forme dans les temps dérivés de ce participe.

Nous florissons, vous florissez, ils florissent. Je florissais. Que je florisse. *Les arts florissaient à Athènes. Un commerce florissant. Une ville florissante.* Dans aucun cas il ne fait à l'infinitif *florir.*

Conjuguez de même *refleurir,* régulier ou irrégulier selon le sens.

476. — Fuir, *fuyant, fui* (invariable), *je fuis, je fuis.*

Imparfait, je fuyais, nous fuyions. — *Passé,* je fuis, nous fuîmes. — *Subjonctif présent,* que je fuie, que tu fuies, qu'il fuie, que nous fuyions, que vous fuyiez, qu'ils fuient. — *Imparfait,* que je fuisse, que tu fuisses. Peu usité au passé et à l'imparfait du subjonctif.

Conjuguez de même : *s'enfuir* (Voy. nos 415, 416).

477. — Gésir ; *gisant* (part. p. nul), *il gît* (pas. déf. nul).

Ce verbe n'est usité qu'aux temps et aux personnes suivantes : Il gît, ils gisent ; il gisait, ils gisaient ; gisant. On l'emploie principalement dans l'expression *ci-gît* que l'on met dans les épitaphes.

478. — Haïr, *haïssant, haï, je hais, je haïs.*

La seule irrégularité de ce verbe consiste en ce qu'il ne prend pas le tréma aux trois personnes du singulier du présent de l'indicatif. On écrit et l'on prononce : *je hais, tu hais, il hait.*

Aux deux premières personnes plurielles du passé défini le tréma remplace l'accent circonflexe : *nous haïmes, vous haïtes.*

479. — Mentir, *mentant, menti, je mens, je mentis.*

Conjuguez de même : *démentir.*

480. — Mourir, *mourant, mort* (avec *être*), *je meurs, je mourus.*

Je meurs, tu meurs, il meurt, nous mourons, vous mourez, ils meurent. — Je mourrai. — Je mourrais. — Que je meure, que tu meures, qu'il meure, que nous mourions, que vous mouriez, qu'ils meurent (Voyez *courir*).

481. — Offrir, *offrant, offert, j'offre, j'offris.*

Futur : J'offrirai et non j'offrerai (Voyez *ouvrir*).

482. — Ouvrir, *ouvrant, ouvert, j'ouvre, j'ouvris.*

J'ouvre, tu ouvres, il ouvre. — J'ouvrirai.

Conjuguez de même : couvrir, découvrir, entr'ouvrir, recouvrir, rouvrir, souffrir, offrir, mésoffrir.

Remarque. Ces verbes ont au présent de l'indicatif les mêmes finales que les verbes de la première conjugaison. A la forme interrogative ils font, comme à la première conjugaison, *ouvré-je? couvré-je?* etc. (Voy. n° 250).

Au futur et au conditionnel ils sont réguliers.

483. — Partir, *partant, parti* (avec *être*), *je pars, je partis.*

Conjuguez de même : *repartir* (partir de nouveau).

Départir et *répartir* sont réguliers. On dit : je départis, nous départissons, je départissais ; je répartis, etc.

484.— Repentir (se), *se repentant, repenti, je me repens, je me repentis* (Voy. n° 285).

485. — Saillir, *saillant, sailli, il saille, il saillit* (Avancer en dehors, déborder).

Il saillera. — Il saillerait.

Ce verbe n'est usité qu'aux troisièmes personnes du singulier et du pluriel.

Conjuguez de même, mais à toutes les personnes : *tressaillir, assaillir.* — *Assaillir* est régulier au futur et au conditionnel; on dit : *j'assaillirai, j'assaillirais,* et non *j'assaillerai, j'assaillerais.*

486. — **Saillir** (jaillir, sortir avec force, en parlant des liquides).
Dans ce sens, ce verbe est régulier et se conjugue comme *finir*.
487. — Sentir, *sentant, senti, je sens, je sentis.*
Conjuguez de même : consentir, pressentir, ressentir.
488. — Servir, *servant, servi, je sers, je servis.*
Conjuguez de même : desservir, resservir.
Asservir est régulier et se conjugue comme *finir*. On dit : *j'asservis, nous asservissons, j'asservissais*, etc.
489 — Sortir, *sortant, sorti, je sors, je sortis.*
Conjuguez de même : *ressortir* (sortir de nouveau).
Ressortir, dans le sens d'*être d'une juridiction*, est régulier. On dit : *ces villes ressortissent de la Cour d appel de Paris.*
490. — Tenir, *tenant, tenu, je tiens, je tins.*
Je tiens, tu tiens, il tient, nous tenons, vous tenez, ils tiennent. — Je tenais. — Je tiendrai. — Je tiendrais. — Que je tienne, que nous tenions.
Remarque. L'*n* du radical se double avant une syllabe muette.
Conjuguez de même : appartenir, s'abstenir, contenir, détenir, entretenir, maintenir, obtenir, retenir, soutenir.
491. — Venir, *venant, venu, je viens, je vins.*
Ce verbe se conjugue en tout comme *tenir*, si ce n'est qu'il prend l'auxiliaire *être*. Les dérivés de *venir* se conjuguent avec *être* ou *avoir* selon qu'ils sont neutres ou actifs.
Conjuguez de même : circonvenir, convenir, devenir, parvenir, prévenir, provenir, revenir, redevenir, se souvenir, se ressouvenir, subvenir, survenir.
492. — Vêtir, *vêtant, vêtu, je vêts, je vêtis.*
Remarque. Le participe présent faisant *vêtant*, et non *vêtissant*, on doit dire : nous vêtons, vous vêtez, ils vêtent ; je vêtais ; que je vête, et non *nous vêtissons*, etc.
Conjuguez de même *revêtir*.

Troisième Conjugaison.

Remarque. On peut regarder tous les verbes de la troisième conjugaison comme irréguliers, attendu que ceux qui se conjuguent comme le modèle ne sont qu'au nombre de cinq. Ce sont : *recevoir, apercevoir, concevoir, décevoir* et *percevoir.*
493. — Asseoir, *asseyant, assis, j'assieds, j'assis.*
J'assieds, tu assieds, il assied, nous asseyons, vous asseyez, ils asseient ou asseyent.— On dit aussi : j'assois, tu assois, il assoit, nous assoyons, vous assoyez, ils assoient.—J'asseyais,

ou j'assoyais.— J'assiérai, ou j'assoirai.— J'assiérais, ou j'assoirais.— Assieds, asseyons, asseyez ; ou assois, assoyons, assoyez. — Que j'asseye, ou que j'assoie (Académie).

La seconde manière ne s'emploie que dans le style élevé.

Conjuguez de même : *rasseoir*, *s'asseoir*.

494. — **Avoir** (Voyez sa conjugaison, page 36).

Ravoir ne s'emploie qu'au présent de l'infinitif.

495.— **Déchoir**, *déchéant* ou *déchoyant*, *déchu*, *je déchois*, *je déchus*.

Je déchois, tu déchois, il déchoit, nous déchoyons, vous déchoyez, ils déchoient. — Je déchoyais. — Je décherrai. — Je décherrais. — Que je déchoie. Il se conjugue avec *être*.

496. — **Echoir**, *échéant*, *échu*, *j'échois*, *j'échus*.

J'échois, tu échois, il échoit ou il échet, nous échéons, vous échéez, ils échéent. — J'échéais. — J'écherrai. — Que j'échée. On dit mieux *échoit* qu'*échet*.

Ce verbe se conjugue avec *être* et n'est guère usité qu'aux troisièmes personnes.

497. — **Devoir**, *devant*, *dû*, *je dois*, *je dus*.

Je dois, tu dois, il doit, nous devons, vous devez, ils doivent. — Je devais. — Je devrai. — Je devrais. — Que je doive, que tu doives, qu'il doive, que nous devions, que vous deviez, qu'ils doivent.

Conjuguez de même *redevoir*.

498. — **Falloir**, *fallant* (peu usité), *fallu*, *il faut*, *il fallut*.

Il fallait. — Il faudra. — Il faudrait.— Qu'il faille (Impers.).

499. — **Mouvoir**, *mouvant*, *mu*, *je meus*, *je mus*.

Je meus, tu meus, il meut, nous mouvons, vous mouvez, ils meuvent.— Je mouvais.— Je mouvrai.— Je mouvrais.— Que je meuve, que tu meuves, qu'il meuve, que nous mouvions, que vous mouviez, qu'ils meuvent.

Conjuguez de même : *émouvoir*, *démouvoir*, *promouvoir*.

500. — **Pleuvoir**, *pleuvant*, *plu*, *il pleut*, *il plut* (Impers.).

501.— **Pourvoir**, *pourvoyant*, *pourvu*, *je pourvois*, *je pourvus*.

Je pourvoirai. — Je pourvoirais. Les autres temps comme *voir*, excepté le passé défini et l'imparfait du subjonctif (Voyez nos 415, 416).

502. — **Pouvoir**, *pouvant*, *pu* (invariable), *je peux* ou *je puis*, *je pus*.

Je peux ou je puis, tu peux, il peut, nous pouvons, vous pouvez, ils peuvent.— Je pourrai.— Je pourrais.— Que je puisse, que tu puisses, qu'il puisse, que nous puissions, que vous puissiez, qu'ils puissent. — Que je pusse, que tu pusses, qu'il pût.

503. — Prévaloir, *prévalant, prévalu, je prévaux, je prévalus.*

Subjonctif présent. Que je prévale, et non *que je prévaille.*

Les autres temps comme *valoir.*

504. — Prévoir, *prévoyant, prévu, je prévois, je prévis.*

Futur. Je prévoirai. *Conditionnel présent.* Je prévoirais.

Les autres temps comme *voir.*

505. — Savoir, *sachant, su, je sais, je sus.*

Je sais, tu sais, il sait, nous savons, vous savez, ils savent.— Je savais.— Je saurai.— Je saurais.— Sache, sachons, sachez. — Que je sache. — Que je susse.

506. — Seoir (être assis, être situé), verbe neutre. Ce verbe n'est plus usité qu'aux participes : *séant, sis, sise.* La Cour d'appel séant au Palais. Une maison sise à Paris.

Seoir (être convenable), *seyant, il sied.*

Ce verbe n'est plus usité qu'aux troisièmes personnes des temps suivants : il sied, ils siéent.— Il séyait, ils séyaient. — Il siéra, ils siéront. — Il siérait, ils siéraient. — Qu'il siée, qu'ils siéent.

507. — Surseoir. *Sursoyant, sursis, je sursois, je sursis.* — Je sursois, tu sursois, il sursoit, nous sursoyons, vous sursoyez, ils sursoient. — Je sursoyais. — Je sursoierai. — Je sursoierais. — Que je sursoie. — Que je sursisse.

508. — Valoir, *valant, valu, je vaux, je valus.*

Je vaux, tu vaux, il vaut, nous valons, vous valez, ils valent. — Je valais. — Je vaudrai. — Je vaudrais. (*Impératif*, nul). — Que je vaille, que tu vailles, qu'il vaille, que nous valions, que vous valiez, qu'ils vaillent.

Conjuguez de même : *équivaloir, revaloir* (Voyez *prévaloir*).

509. — Voir, *voyant, vu, je vois, je vis.*

Futur, je verrai ; *Conditionnel*, je verrais.

Conjuguez de même : *entrevoir, revoir* (V. *prévoir* et n°s 415 et 416).

510. — Vouloir, *voulant, voulu, je veux, je voulus.*

Je veux, tu veux, il veut, nous voulons, vous voulez, ils veulent. —Je voudrai. — Je voudrais. — *Impératif*, veux, voulons, voulez ou veuillez. — Que je veuille, que tu veuilles, qu'il veuille, que nous voulions, que vous vouliez, qu'ils veuillent.

Quatrième Conjugaison.

511. — Absoudre, *absolvant, absous, j'absous* (*passé défini*, nul).

J'absous, tu absous, il absout, nous absolvons, vous absolvez, ils absolvent. — J'absolvais. — J'absoudrai. — Que j'absolve.

Conjuguez de même : *dissoudre*.

Remarque. Le participe passé fait au féminin *absoute*, *dissoute*, quoiqu'il soit terminé par une *s* au masculin.

512. — BATTRE, *battant*, *battu*, *je bats*, *je battis*.

Conjuguez de même : *abattre*, *combattre*, *se débattre*, *s'ébattre*, *rabattre*.

513. — BOIRE, *buvant*, *bu*, *je bois*, *je bus*.

Je bois, tu bois, il boit, nous buvons, vous buvez, ils boivent. — Je buvais. — Je boirai. — Que je boive, que tu boives, qu'il boive, que nous buvions, que vous buviez, qu'ils boivent.

514. — BRAIRE, *brayant*, *il brait*.

Ce verbe ne s'emploie qu'à l'infinitif et aux troisièmes personnes des temps suivants : il brait, ils braient. — Il brayait, ils brayaient. — Il braira, ils brairont. — Il brairait, ils brairaient.

515. — COUDRE, *cousant*, *cousu*, *je couds*, *je cousis*.

Conjuguez de même : *découdre*, *recoudre*.

516. — CROIRE, *croyant*, *cru*, *je crois*, *je crus* (V. n°s 415, 416).

517. — CROÎTRE, *croissant*, *crû*, *je croîs*, *je crûs*.

Je croîs, tu croîs, il croît, nous croissons, vous croissez, ils croissent. — Je croissais. — Je croîtrai. — Je croîtrais. — Que je croisse. — Que je crûsse.

Remarque. L'accent circonflexe du verbe *croître* se met toutes les fois que l'*i* est suivi d'un *t*, et dans toutes les personnes que l'on pourrait confondre avec le verbe *croire*.

Conjuguez de même : *accroître*, *décroître*.

Ces deux verbes ne conservent l'accent que lorsque l'*i* est suivi d'un *t*.

518. — CLORE, *closant*, *clos*, *je clos*. (*Passé défini* nul).

Je clos, tu clos, il clôt. — Je clorai. — Je clorais.

Ce verbe n'est usité qu'aux trois personnes du singulier du présent de l'indicatif, au futur, au conditionnel et aux temps composés.

Conjuguez de même : *enclore* (Voyez *éclore*).

519. — CONCLURE, *concluant*, *conclu*, *je conclus*, *je conclus*.

Conjuguez de même : *exclure*.

520. — CONDUIRE, *conduisant*, *conduit*, *je conduis*, *je conduisis*.

Conjuguez de même : éconduire, enduire, induire, construire, reconstruire, instruire, produire, reproduire.

521. — CONFIRE, *confisant*, *confit*, *je confis*, *je confis*.

522. — CONNAÎTRE, *connaissant, connu, je connais, je connus.*

Je connais, tu connais, il connaît. — Je connaîtrai.

Remarque L'*i* radical conserve l'accent circonflexe quand il est suivi d'un *t*.

Conjuguez de même : méconnaître, reconnaître, paraître, apparaître, comparaître, disparaître, reparaître.

523. — DIRE, *disant, dit, je dis, je dis.*

Je dis, tu dis, il dit, nous disons vous dites, ils disent. — *Impératif*, dis, disons, dites. — Que je dise. — Que je disse.

Conjuguez de même : *redire.*

Les autres composés de *dire : contredire, se dédire, interdire, médire, prédire*, font à la deuxième personne du pluriel du présent de l'indicatif et de l'impératif : *contredisez, dédisez*, etc., au lieu de *contredites, dédites* (Voyez *maudire*).

524. — ECRIRE, *écrivant, écrit, j'écris, j'écrivis.*

Conjuguez de même : circonscrire, décrire, inscrire, prescrire, proscrire, récrire, souscrire et transcrire

525. — ÊTRE (Voyez sa conjugaison, page 37).

526. — FAIRE, *faisant*. ou *fesant, fait, je fais, je fis.*

Je fais, tu fais, il fait, nous faisons, vous faites, ils font. — Je faisais. — Je ferai. — Je ferais.— Que je fasse.

Remarque. Quelques personnes écrivent : *fesant, nous fesons, je fesais, bienfesant.* L'Académie écrit *faisant*, etc.

Conjuguez de même : contrefaire, défaire, parfaire, refaire, satisfaire, surfaire.

527. — FRIRE. Ce verbe n'est usité qu'à l'infinitif accompagné du verbe *faire* et au participe passé. *Je fais frire; je faisais frire; des pommes de terre frites.*

528. — GEINDRE (gémir à la manière des boulangers qui pétrissent. Se plaindre d'une voix languissante). Ce verbe n'est usité qu'à l'infinitif, au présent et à l'imparfait de l'indicatif. — Je geins, tu geins, il geint, nous geignons, vous geignez, ils geignent.

529. — LIRE, *lisant, lu, je lis, je lus.*

Conjuguez de même : élire, réélire, relire.

530. — LUIRE, *luisant, lui* (invariable), *je luis* (*Passé déf.* nul).

Conjuguez de même *reluire.*

531. — MAUDIRE, *maudissant, maudit, je maudis, je maudis.*

Ce verbe se conjugue comme *dire*, excepté au participe présent et aux temps qui en sont dérivés. Nous maudissons, vous maudissez, ils maudissent. — Je maudissais. — Que je maudisse.

532. — Mettre, *mettant, mis, je mets, je mis.*

Conjuguez de même : admettre, commettre, compromettre, démettre, émettre, entremettre, omettre, permettre, promettre, remettre, soumettre, transmettre.

533. — Moudre, *je mouds, je moulus, moulant, moulu.*

Je mouds, tu mouds, il moud, nous moulons, vous moulez, ils moulent. — Je moulais. — Que je moule.

Conjuguez de même : *remoudre, émoudre.*

534. — Naître, *naissant, né, je nais, je naquis.*

Je nais, tu nais, il naît. — Je naîtrai. — Je naîtrais.

L'*i* radical ne conserve l'accent circonflexe que lorsqu'il est suivi d'un *t*.

Conjuguez de même : *renaître.*

535. — Nuire, *nuisant, nui* (invar.), *je nuis, je nuisis.*

536. — Peindre, *peignant, peint, je peins, je peignis.*

Je peins, tu peins, il peint, nous peignons, vous peignez, ils peignent. — Je peignais. — Je peindrai. — Que je peigne, que nous peignions.

Conjuguez de même tous les verbes en *indre :* dépeindre, repeindre, atteindre, aveindre, ceindre, enceindre, contraindre, craindre, enfreindre, épreindre, éteindre, feindre, joindre, adjoindre, conjoindre, déjoindre, disjoindre, enjoindre, rejoindre, plaindre, complaindre, restreindre, teindre, déteindre, reteindre. Voyez : *geindre.*

537. — Plaire, *plaisant, plu, je plais, je plus.*

Ce verbe prend un accent circonflexe à la troisième personne du singulier du présent de l'indicatif : *il plaît.*

Conjuguez de même : *complaire, déplaire.*

538. — Prendre, *prenant, pris, je prends, je pris.*

Je prends, tu prends, il prend, nous prenons, vous prenez, ils prennent. — Que je prenne, que nous prenions.

L'*n* du radical se double avant une syllabe muette, parce que, dans ce cas, l'*e* qui précède l'*n* a le son de l'*e* ouvert, comme dans les verbes en *eler, eter,* etc.

Conjuguez de même : apprendre, comprendre, désapprendre, entreprendre, se méprendre, réapprendre, reprendre, surprendre.

539. — Résoudre, *résolvant, résous* (pas de féminin), ou *résolu, résolue, je résous, je résolus.*

Ce verbe se conjugue comme *absoudre,* sauf qu'il a le passé défini et l'imparfait du subjonctif.

540. — Rire, *riant, ri* (invariable), *je ris, je ris.*

Conjuguez de même : sourire.

541. — Rompre, *rompant, rompu, je romps, je rompis.*

Je romps, tu romps, il rompt. — Je romprai.

Conjuguez de même : *corrompre.*

542. — SUFFIRE, *suffisant, suffi* (invariable), *je suffis, je suffis.*

543. — SUIVRE, *suivant, suivi, je suis, je suivis.*

Conjuguez de même : *s'en suivre* (impersonnel), *poursuivre.*

544. — TAIRE, *taisant, tû, je tais, je tus.*

545. — TRAIRE, *trayant, trait, je trais* (*passé défini* nul).

Conjuguez de même : abstraire, attraire, distraire, extraire, rentraire, retraire, soustraire.

Rentraire, terme de couture, fait au participe passé *rentrait* et non *rentré : Il a rentrait la couture.*

546. — VAINCRE, *vainquant, vaincu, je vaincs, je vainquis.*

Je vaincs, tu vaincs, il vainc, nous vainquons, vous vainquez, ils vainquent. — Je vainquais. — Je vaincrai. — Je vaincrais. — Que je vainque.

Le *c* du radical se change en *qu* avant une voyelle, excepté au participe passé. (Voyez n° 226).

Conjuguez de même : *convaincre.*

547. — VIVRE, *vivant, vécu* (invariable), *je vis, je vécus.*

Conjuguez de même : *survivre, revivre.*

LISTE DE VERBES

POUVANT SERVIR D'EXERCICES DE CONJUGAISON.

Accrocher, additionner, aimer, arracher, arrêter, augmenter, caresser, chercher, conter, compter, contenter, déjeuner, demander, divaguer, embarrasser, embrasser, empêcher, engraisser, entraîner, entrer, exceller, exempter, exhausser, exhorter, fabriquer, flageller, frapper, gâter, gêner, goûter, hasarder, hébêter, indiquer, inventer, maltraiter, mêler, naviguer, occuper, ordonner, parler, plaisanter, pratiquer, prêter, recouvrer, regretter, respecter, signaler, souhaiter, succomber, trafiquer.

Bâiller, babiller, bredouiller, briller, brouiller, conseiller, détailler, fouiller, habiller, railler, rhabiller, sommeiller, surveiller, tailler, travailler, veiller.

Accompagner, cogner, daigner, dédaigner, éloigner, empoigner, enseigner, grogner, lorgner, peigner, saigner, soigner, témoigner.

Balbutier, certifier, confier, contrarier, copier, crier, envier, étudier, expédier, justifier, lier, mendier, nier, oublier, parier, plier, prier, publier, purifier, qualifier, rallier, sacrifier, scier, supplier, varier, vérifier (V. nº 414).

Atténuer, attribuer, continuer, contribuer, destituer, distribuer, éternuer, huer, remuer, saluer, suer, tuer. (V. nº 412.)

Allouer, avouer, clouer, désavouer, enclouer, jouer, louer, nouer, rouer, secouer, trouer (V. nº 412).

Acquiescer, agacer, annoncer, avancer, bercer, dénoncer, devancer, écorcer, effacer, enfoncer, enlacer, énoncer, ensemencer, évincer, exaucer, exercer, grimacer, lancer, menacer, pincer, prononcer, remplacer, renoncer, rincer, saucer, sucer, tancer, transpercer. (V. nº 417.)

Allonger, arranger, changer, corriger, dédommager, dégager, déménager, déranger, désobliger, diriger, échanger, emménager, engager, enrager, ériger, exiger, fourrager, fustiger, interroger, jauger, juger, manger, mélanger, nager, négliger, obliger, partager, présager, ranger, réinterroger, saccager, singer, soulager, vendanger, venger, voyager (V. nº 418).

Achever, amener, crever, égrener, emmener, engrener, élever, enlever, lever, mener, semer (V. nº 420).

Abréger, aliéner, *alléger*, *assiéger*, compléter, *créer*, empiéter, *protéger*, *récréer*, régler, répéter, révéler, végéter (V. nº 420).

Amonceler, appeler, atteler, *bourreler*, carreler, chanceler, ciseler, *congeler*, *déceler*, dételer, épeler, étinceler, ficeler, *geler*, *harceler*, morceler, *peler*, renouveler (V. nº 419).

Acheter, becqueter, cacheter, crocheter, décolleter, déchiqueter, dépaqueter, empaqueter, épousseter, étiqueter, feuilleter, fureter, interjeter, jeter, parqueter, rapiéceter, tacheter (V. nº 419).

Appuyer, balayer, bégayer, déployer, effrayer, égayer, employer, essayer, essuyer, grasseyer, nettoyer, payer, ployer, rayer, relayer, tutoyer (V. nºs 415, 416).

Adoucir, affranchir, agir, aigrir, applaudir, asservir, assortir, attendrir, bâtir, bénir, chérir, choisir, convertir, désobéir, éblouir, éclaircir, élargir, embellir, enlaidir, fournir, garantir, gémir, grandir, guérir, jouir, maigrir, nourrir, obéir, périr, punir, rajeunir, réfléchir, refroidir, remplir, répartir, rétablir, réunir, réussir, rougir, trahir, unir, vieillir, vomir.

Apercevoir, concevoir, décevoir, percevoir, recevoir.

Attendre, confondre, correspondre, défendre, dépendre, descendre, entendre, étendre, fendre, fondre, mordre, pendre, perdre, prétendre, rendre. répandre, répondre, sous-entendre, suspendre, tendre, tondre, tordre, vendre (V. n° 413).

Corrompre, interrompre, rompre.

S'absenter, s'affliger, s'amuser. s'apercevoir, s'approprier, s'arroger, se courroucer, se coucher, se débarbouiller, se décourager, se démener, se dévouer, s'échapper, s'écrier, s'efforcer, s'embrouiller, s'empresser, s'enrichir, s'ennuyer, s'expatrier, s'évanouir, se fâcher, s'habiller, s'impatienter, s'insurger, se lacer, se lasser, se moquer, se moucher, se noyer, s'obstiner, s'orienter, se promener, se purger, se quereller, se rafraîchir, se réconcilier, se réjouir, se repentir.

Nota. — On pourra faire conjuguer les verbes ci-dessus affirmativement, négativement, interrogativement, ou à la forme interro-négative, c'est-à-dire mixte ; ou enfin à la forme passive. On pourra également les faire conjuguer dans de petites phrases, ou faire composer ces phrases par les élèves eux-mêmes.

SUJETS

D'EXERCICES GRADUÉS D'ANALYSE GRAMMATICALE ÉLÉMENTAIRE.

1° *Substantifs communs et substantifs propres ; articles simples, définis et indéfinis ; — genre et nombre.*

Le jardin. — Les jardins. — La maison. — Les maisons. — L'âne. — Les ânes. — L'ânesse. — Les ânesses. — L'homme. — Les hommes. — L'histoire. — Les histoires. — La France. — L'Angleterre. — La Seine. — L'Oise. — Jean. — Un livre. — Des livres. — Une plume. — Des plumes. — La bonté. — Les bontés. — Une occasion. — Des occasions. — Auguste. — Mathilde. — Octave. — Octavie.

2° *Articles contractés.*

La fenêtre de la chambre. — Les fenêtres des chambres. — — La corde de la harpe. — Les cordes des harpes. — La feuille de l'arbre. — Les feuilles des arbres. — La vie de l'homme. — L'arbre du jardin. — Les arbres des jardins. — La maison du hameau. — Les maisons des hameaux. — La pommade à la rose. — Une tourte aux cerises. — Une sauce à l'oignon. — Une salade aux œufs. — Un enfant au berceau. — Une soupe aux haricots. — Un gigot à l'ail.

3° *Adjectifs qualificatifs.*

Le grand chapeau. — Les grands chapeaux. — La grande ville. — Les grandes villes. — Un chien fidèle. — Des chiens fidèles. — Une chienne fidèle. — Des chiennes fidèles. — Un habit gris. — Des habits gris. — Le lion et le tigre féroces. — Une femme et un homme grands. — La vertu du vénérable patriarche Abraham. — L'agréable jardin. — Une bonne petite fille, docile et laborieuse. — Un chat et un chien gourmands. — — Un jeune garçon et une jeune fille aimables. — L'autre jour. — Les autres hommes. — Une autre fois. — Un seul mensonge. — Les seuls amis. — Les seules amies.

4° *Adjectifs démonstratifs.*

Ce livre. — Ces livres. — Cet arbre. — Ces arbres. — Cet homme. — Ces hommes. — Cette personne. — Ces personnes. — Ce beau piano. — Cet agréable jardin. — Ce peintre habile. — Cet habile peintre. — Ces beaux pianos. — Ces agréables jardins. — Ces peintres habiles. — Ces habiles peintres. — Cette aimable personne. — Ces aimables personnes.

5° *Adjectifs possessifs.*

La couverture de mon livre de prières. — Les boutons de ton habit de drap bleu. — La crosse de ton fusil de chasse. — Mes livres de classe. — Tes habits du dimanche. — Tes chaussons de lisière. — La pointe de ma plume métallique. — La robe de ta fille Euphrasie. — Les cordes de sa harpe. — Nos plumes d'oie. — Les chapeaux de tes filles. — Le bon caractère de notre fils Adolphe. — L'aimable douceur de votre jeune enfant. — La touchante bonté de leur oncle Baptiste. — La maladie de nos enfants. — L'âge de vos fils. — Les vieilles perruques de leurs oncles. — La jolie petite poupée de notre fille Jacqueline. — La coquetterie de votre fille Stéphanie. — La grande bibliothèque de leur tante. — La pension de nos filles et de vos nièces. — Les femmes de chambre de leurs tantes Gertrude et Pulchérie.

Mon âme satisfaite (V. n° 114). — Ton ânesse boiteuse. — Ta vieille ânesse. — Son amitié véritable. — Sa tendre amitié. — Ma longue absence. — Mon absence prolongée. — Ton amie Gabrielle. — Ta véritable amie. — Son affaire malheureuse. — Sa malheureuse affaire. — Son heureuse affaire. — Mon addition correcte. — Ma longue addition. — Mon interminable addition. — Son écriture gothique. — Ta belle écriture. — Son histoire de France. — Son intéressante histoire. — Sa touchante histoire. — Mon intention bienveillante. — Ma bonne intention bienveillante. — Ton heure de travail. — Son arrogance extrême. — Ta fille Georgette. — Ton aimable fille. — Sa beauté merveilleuse. — Son éclatante beauté.

6° *Adjectifs numéraux.*

Une orange d'un sou. — Quatre soldats de l'armée des ennemis. — Une robe de quatre-vingt-quatre francs cinquante centimes. — Un livre de deux cents pages. — Une parure de trois mille francs. — Le premier volume de l'histoire de France. — La cinquième journée de notre voyage. — Le septième jour de la semaine. — La seconde place de la classe.

7° *Adjectifs verbaux.*

Le fils reconnaissant. — La fille reconnaissante. — Les fils reconnaissants. — Les filles reconnaissantes. — Un enfant obéissant. — Une fille obéissante. — Des enfants obéissants. — Des filles obéissantes. — Le père attendri. — La mère attendrie. — Les pères attendris. — Les mères attendries. — Le jour passé. — La semaine passée. — Les jours passés. — Les semaines passées. — Un voyage fatigant. — Une fille caressante. — Une mère chérie. — La lionne apprivoisée. — Le succès garanti.

8° *Adjectifs indefinis.*

Chaque jour de la semaine prochaine. — Chaque heure de la journée. — Nul contentement de la part de son fils. — Nulle envie du bien de son prochain. — Aucun chagrin de la perte de ton amie. — Aucune peine de son absence. — Le même jour et la même heure. — Les mêmes jours et les mêmes heures. — Tout le jour et toute la nuit. — Tous les jours de la semaine. — Toutes les nuits employées au travail. — La peur de quelque animal. — La vue de quelques personnes. — La mort de quelques hommes. — La perte de quelques heures. — Le tapage de plusieurs enfants. — La rare patience d'un tel maître. — La bonté d'une telle mère. — Une victoire achetée par de tels sacrifices. — La mauvaise société de tels hommes. — L'absurdité de telles excuses. — Quel heureux jour! — Quelle belle fête! — Quels jours heureux! — Quelles aimables personnes. — La lecture d'un livre quelconque. — Le don d'une chose quelconque. — L'achat d'objets quelconques. — Un choix d'étoffes quelconques.

9° *Adjectifs pris substantivement.*

Les vieux habits de ce pauvre homme.— La misère du pauvre. — Un châle de soie rouge. — Un chapeau noir. — L'éclat éblouissant du rouge et l'aspect lugubre du noir. — La malice de ces méchants garnements.— La fourberie des méchants.— Une foule de gens malheureux.— Les souffrances des malheureux. — Un fort coup de tonnerre. — Le fort de Vincennes.— Les forts de la halle. — Le malade imaginaire. — Mon vieil oncle malade. — Le gourmand attrapé. — Une petite fille gourmande.

10° *Substantifs dérivés d'adjectifs.*

Un cœur sensible et bon. — La sensibilité et la bonté du cœur. — Les courageux et vaillants Romains. — Le courage et la vaillance du peuple romain. — Son caractère hypocrite. — L'hypocrisie de son caractère. — La faible tige de cette plante. — La faiblesses de ses jambes. — Des aveux sincères. — La sincérité de vos aveux — Le courant rapide du fleuve. — La rapidité du courant du Rhône. — Un char élégant. — L'élégance de sa toilette. — Un écolier paresseux. — La paresse de cet écolier.

11° *Verbe substantif* ÊTRE *aux temps simples. Pronoms personnels sujets.*

Je suis content. — Je suis contente. — Tu es grand. — Tu es grande. — Mon frère est instruit ; il est heureux. — Ma sœur est instruite ; elle est heureuse. — Nous sommes vieux. — Nous sommes vieilles. — Vous êtes curieux. — Vous êtes curieuses. — Mes enfants sont paresseux ; ils sont punis. — Mes boucles d'oreilles sont brillantes ; elles sont neuves.

J'étais content de mon sort. — Tu étais polie. — Jules était curieux ; il était insupportable. — Nous étions à la campagne. — Les arbres étaient verts ; ils étaient chargés de fleurs. — Vous étiez à table.

Je fus indisposé. — Nous fûmes indisposés. — Tu fus contrarié. — Tu fus contrariée. — Vous fûtes contrariés. — Vous fûtes contrariées.— Cette maison fut brûlée ; elle fut démolie. — Ces maisons furent brûlées ; elles furent démolies.

Je serai obéissant. — Nous serons prudents. — Tu seras charmé de sa douceur. — Madame, vous serez fière des progrès de votre fille. — Votre maison sera vendue. — Les livres perdus seront retrouvés.

Je serais instruit si j'étais studieux. — Nous serions instruits si nous étions studieux.—Tu serais riche si tu étais laborieux. — Vous seriez riches si vous étiez laborieux. — Cet homme serait heureux s'il était vertueux ; il serait estimé. — Ces hommes seraient heureux s'ils étaient vertueux ; ils seraient estimés.

Mon fils, sois docile et sincère. — Mes amis, soyons généreux. — Mes enfants, soyez aimables et vous serez aimés.

12° *Verbe actif* AVOIR *aux temps simples.* — *Régimes directs.* — *Articles partitifs.*

J'ai un fusil. — Tu as un cousin. — Ma sœur a un parapluie ; elle a une ombrelle. — Nous avons des amis. — Vous avez une jolie chambre. — Les arbres ont des fleurs ; ils ont des fruits.

J'avais un bon couteau.— Tu avais une robe neuve. — Notre voisin avait un chat ; il avait une chatte noire. — Nous avions raison. — Vous aviez tort. — Ces vaches avaient du lait ; elles avaient de jolis petits veaux.

J'eus des malheurs. — Tu eus des étrennes. — Ma maîtresse eut du chagrin ; elle eut des ennuis.— Nous eûmes de la joie. — Vous eûtes peur du tonnerre. — Ces ouvrages eurent du succès.

J'aurai des cadeaux. — Tu auras du pain si tu as faim. — L'écolier aura un long devoir ; il aura du zèle et de l'activité. — Nous aurons soif. — Vous aurez chaud.— Les pauvres auront froid cet hiver ; ils auront besoin de vêtements.

J'aurais de la soupe si j'avais faim. — Tu aurais de l'instruction si tu étais studieux. — Ce militaire aurait la croix s'il avait du courage. — Nous aurions peur des souris si nous étions poltronnes. — Vous auriez des cheveux gris si vous étiez vieux.— Les écoliers auraient des prix s'ils étaient laborieux.

Mon fils, aie pitié des pauvres. — Mes amis, ayons bon espoir. — Soldats ! ayez du courage.

13°. *Verbes actifs des quatre conjugaisons aux temps simples.*

Je raconte une histoire intéressante. — Tu embrasseras ton grand père. — Nous embrasserions Caroline si elle avait le visage propre. — Cette poule couvera ses œufs. — Le glouton avalait une huître ; il avalera un jambon ; il avala un poisson ; il avalerait un bœuf s'il pouvait. — L'élève récita sa leçon de grammaire. — Additionne les unités, les dizaines et les centaines. — Raconte tes aventures. — Passez votre chemin. — Tu aimeras ton prochain.

Je finis mon ouvrage. — Le peintre finira mon portrait. — Cet espion trahissait l'armée. — Tu affranchirais cette lettre si tu avais de l'argent. — Je rétablirai ma santé à la campagne. — Les juges puniront ces audacieux criminels.— Si tu réfléchissais, tu saisirais les difficultés de la grammaire française.

Je reçois un cadeau. — Ce pauvre vieillard recevait l'aumône. — Je recevrai une infinité de belles choses. — Il recevrait la visite du médecin s'il était malade. — Nous reçûmes de belles étrennes l'année passée. — L'ouvrier reçoit sa paie le samedi. — Ta mère concevra de l'inquiétude si tu tardes à venir.

Je perds mon procès. — Tu perds la tête. — Tu perdis l'occasion de voir le roi. — Tu perdrais l'honneur si tu trahissais tes amis. — La poule pondra un œuf frais. — Nous attendrons votre retour. — Défends ta vie si elle est attaquée.

Je vendrai mes vieilles hardes. — Le gros chien de la cour mordrait vos mollets si vous excitiez sa colère.

14°. *Verbes aux temps composés.*

J'ai été malade.— Tu as été satisfait.— Il a été à la messe.— J'avais été au bal. — Nous avions été à Londres. — J'aurais été au bal si j'avais été invité. — Vous auriez été à cheval si vous aviez été à la campagne.

J'ai eu peur.— Tu as eu soif. — Ils ont eu raison de prendre la fuite. — Tu avais eu la force de descendre. — Vous auriez eu des livres si vous aviez eu l'idée de travailler. — J'aurais été à la campagne si j'avais eu ma voiture.

J'ai reçu des nouvelles de mon frère. — Vous avez perdu mon estime.— L'excès du plaisir a amolli son courage.— Cet enfant a grandi d'une manière extraordinaire.— Si nous avions pu partir, nous aurions averti le cocher.

Ces braves soldats ont défendu leur drapeau avec un courage héroïque. — Les veilles et le travail ont affaibli votre santé chancelante.— Nous avions aperçu de la lumière à votre fenêtre, et nous avions cru que vous étiez levé. — Les débiteurs auraient payé leurs créanciers s'ils avaient pu.

15°. *Pronoms personnels sujets et régimes.*

Je chante une jolie chansonnette. — Pensez à moi. — Mon père me dit de me reposer. — Ma maîtresse m'ordonne de m'asseoir.— Prêtez-moi votre parapluie.— Nous chantons des cantiques. — Ce travail nous amusera. — Seigneur ! pardonnez-nous nos péchés.

Tu finiras ton ouvrage. — Je penserai à toi. — Mon fils, je

te conseille de te taire; je t'adresse un dernier avertissement. — Ma fille, je te recommande de te dépêcher; je t'avertis pour la dernière fois. — Lève-toi, paresseuse. — Vous écoutez les leçons de votre professeur. — Je vous salue, Marie, pleine de grâce. — Je vous souhaite une bonne année.

Charles étudie son piano; il profite de ses leçons. — Julie brode son fichu et elle festonne un mouchoir. — Les chiens aboient; ils reconnaissent leurs maîtres. — Les jeunes filles lisent une histoire édifiante; elles écoutent un récit intéressant. — Le cerf et le daim timide fuient l'arme meurtrière du chasseur; ils évitent sa rencontre.

Je cherche ce livre, je le trouverai. — Les enfants sont au jardin; je les entends crier. — Je sais ma leçon; je vais vous la réciter.— Je sais mes leçons, je pourrais vous les réciter.— Dieu nous a créés pour l'adorer, le servir, et mériter la vie éternelle.— L'astronome voit l'étoile et l'observe.— Les atronomes voient les étoiles et les observent.— La Seine coule à Paris; je la traverse tous les jours. — Je vous prête mon canif et mon grattoir; vous me les rendrez.

Mon fils m'écoute quand je lui parle. — Ma fille m'écoute quand je lui parle. — Nos enfants nous écoutent quand nous leur parlons. — Nos filles vous auraient écouté si vous leur aviez parlé. — Minette est une bonne chatte; je lui donnerai quelques friandises. — Leurs enfants sont laborieux; nous leur donnerons des éloges au sujet de leur excellent travail.— Seigneur! ces femmes sont repentantes, pardonnez-leur leurs fautes.

Mon père est absent; je pense à lui tous les jours.— Ma mère est partie; je pense à elle. — Mes oncles m'ont écrit; je pensais à eux. — Son frère et sa sœur te quitteront: tu penseras à eux.— Mon cousin est à Saint-Pétersbourg; j'ai rêvé de lui cette nuit. — Je crois à l'amitié de Sophie; j'aime elle et son frère (1). — Les pécheurs endurcis attirent sur eux la colère céleste.— Mes cousines iront au bal; je danserai avec elles. — Les hommes criminels sont la proie du démon, et la colère de Dieu tombera sur eux.

Le fat se pare; il s'admire. — Les Chrétiens se prosternent; ils s'humilient. — La fleur se fane; elle s'épanouit au printemps. — Les fleurs se fanent; elles s'épanouissent. — Le paresseux se nuit; il s'attire des reproches. — Les paresseux se nuisent; ils se font donner des punitions. — La fainéante se fait du tort. — Les femmes grossières se disent des injures.

(1) Cette phrase est pour donner un exemple du pronom *elle*, régime direct; mais on dira mieux : *Je l'aime ainsi que son frère.*

— Le rat et la souris se cachent dans des trous. — Prendre garde à soi. — Travailler pour soi. — L'amour de soi affaiblit l'amour du prochain. — Agathe, voyez ce pauvre homme; donnez lui quelques sous. La jeune fille, à ces mots, s'empressa de lui porter secours.

J'achète un gâteau et j'en mange. — Tu vends des gâteaux et tu en donnes. — Il fait une sottise et il en rit. — Ils font des sottises et ils en rient. — Il a cassé une assiette et il s'en vante. — J'ai des poires; en veux-tu ?

Écrivez cette lettre et appliquez-vous y. — Écrivez ces lettres et appliquez-vous y. — Cet homme est honnête; vous pouvez vous y fier. — Ces hommes sont honnêtes; fiez-vous y.

Je me blâme moi-même de lui faire de la peine. — Va toi-même lui dire de se taire. — Charles se rend lui-même malade. — Notre ami est malade; nous irons le voir nous-mêmes. — Votre châle est dans l'armoire; allez vous-même le chercher. — Messieurs, venez vous-mêmes me parler. — Ils se plaignent eux-mêmes de la même chose. — Ces dames sont elles-mêmes fatiguées.

16° *Pronoms relatifs.*

L'écolier qui travaille est récompensé. — Les écoliers qui travaillent sont récompensés. — La petite fille qui bavarde sera punie. — Les petites filles qui bavarderont seront punies. — Le chien et le chat qui se battent.

L'homme que je vois est malheureux. — Le livre qu'il lit est intéressant. — Les hommes que je vois sont malheureux. — Les livres qu'il lit sont amusants. — La dame que je connais demeure à Versailles. — Les dames que j'ai vues demeurent à Saint-Cloud. — Le fruit qu'elle cueille est mûr. — Les fruits qu'elles cueillent sont acides.

Je sais à quoi tu penses. — Dis-moi avec quoi tu joues.

Le papier dont je me sers est fort. — Les monuments dont nous admirions la beauté sont démolis. — L'affaire dont je te parle est sérieuse. — Les fautes dont nous t'accusons sont nombreuses.

Il parcourt le marché où il va acheter des œufs. — Je cherche le moment où je pourrai lui parler. — La maison où je demeurais est vendue. — Les pays où j'ai voyagé sont admirables. — J'aime les soirées où l'on danse.

L'ami sur lequel je comptais est mort. — La personne avec laquelle je me promenais est ma sœur. — Les livres dans lesquels j'étudie l'histoire sont instructifs. — Les dames chez lesquelles nous dînerons sont étrangères.

L'homme auquel je dois de l'argent est un gros négociant. —

Les messieurs auxquels j'ai parlé sont des Anglais. — La mère est la femme à laquelle un enfant doit toute sa tendresse. — Les mères sont les femmes auxquelles les enfants doivent toute leur tendresse.

17° *Pronoms démonstratifs.*

Ce que je dis est vrai; c'est la pure vérité. — C'est à quoi je pensais. — C'est ce livre que je voudrais lire. — Je ferai ce que tu voudras. — Ce sont mes frères qui sont malades. — Est-ce toi qui parles? — Est-ce elle qui écrit? — C'est moi qui parlerai. — C'est nous qui sommes à plaindre. — Ce bavardage est ce qui m'ennuie de lui.

Celui qui travaille s'instruit. — Prenez ces cartes et choisissez celle qui vous plaira. — Voyez ces livres et prenez ceux qui vous amuseront. — Vous trouverez des poires dans ce panier; vous mangerez celles qui seront mûres. — Qui m'aime me suit.

Adam eut deux fils, Caïn et Abel; celui-ci était berger et celui-là laboureur. — Les Allemands et les Français sont voisins; ceux-ci sont vifs et ceux-là sont posés. — Jésus offrit à ses apôtres du pain et du vin, et leur dit: Ceci est mon sang et cela est mon corps. — Je vous dirai cela moi-même. — Prenez ceci, c'est bon pour la santé.

18° *Pronoms possessifs.*

Votre père est à Paris, le mien est à Londres. — Sa chambre est grande, la mienne est petite. — Vos frères iront à la guerre, les miens travailleront à la terre. — Le domestique cire vos bottes et les miennes.

Mon livre est propre, le tien est sale. — Le maitre d'écriture taille ma plume et la tienne; il taillera la sienne dans un instant. — Vous tenez mes mains, je tiens les vôtres. — Je connais ses parents et les tiens. — Mes sœurs travaillent, les tiennes jouent, et les siennes font de la musique.

J'aime mes parents, aimez les vôtres. — Aimez votre mère, nous aimons la nôtre. — Il fait son devoir, faites le vôtre, nous ferons le nôtre. — Notre leçon est difficile, la vôtre est facile. — Apprenez vos leçons, nous apprenons les nôtres.

Sa tâche est finie, la leur commence. — Je leur ai pardonné leurs fautes, pardonnez-leur les leurs. — Écoutez leur avis, et imitez leur conduite. — Voyez ces nombreux troupeaux qui paissent dans la plaine, ce sont ceux de mon père; ceux-là sont les leurs.

19° *Pronoms interrogatifs.*

Qui est venu? — Que faites-vous? — Qui est-ce qui parle? — De qui parlez-vous? — J'ai trouvé deux chapeaux ; lequel est le vôtre? — Que dites-vous de ce tableau? — Ces livres sont à choisir ; lesquels préférez-vous?

20° *Pronoms indéfinis.*

On frappe à la porte. — Il faut venir me voir. — Vous êtes malade, je le vois. — Quiconque adore Dieu sera sauvé. — On aime quiconque est aimable. — Quelqu'un vient de ce côté. — J'aperçois quelqu'un qui nous regarde. — J'écrivais à quelqu'un de mes amis. — Chacun est à sa place. — Lisez chacun de ces livres avec attention. — On doit parler à chacun selon son rang. — Respectez le bien d'autrui. — Ils se détestent l'un l'autre. — Il pleut, il neige ; il tonne et il grêle. — Il fera froid l'hiver prochain. — Il importe de savoir lire.

21° *Adverbes.*

Il lit couramment. — Dieu agit sagement. — Hâtez-vous lentement. — Parlez clairement et distinctement. — Vous n'écrivez pas lisiblement. — Nous irons demain à Fontainebleau. — J'ai la migraine aujourd'hui, hier j'avais la fièvre. — L'homme sage parle peu et écoute beaucoup. — Nous dînerons ensemble et nous irons ensuite nous promener.

Il a bien bu et bien mangé. — Mettez moins de vivacité et plus de prudence dans vos paroles. — Ne vous échauffez pas trop. — J'ai presque fini mon dessin. — Je ne l'ai pas fait exprès. — Le prince est arrivé incognito. — Où allez-vous si vite? Je cours, j'ai si froid. — Vous avez déjà fini. — Ne parlez pas ainsi de cet homme que vous devez respecter. — Il s'en est allé bien vite.

François, allez vous coucher ; oui, maman, j'y vais. — L'ivrogne marche deçà et delà, se heurtant à chaque pas. — Comment vous appelez-vous? — Combien coûtent ces bijoux dorés? — Il est certes bien capable de faire cela. — Nous sommes enfin arrivés à notre but. — Plus on est de fous, plus on rit. — Nous chercherons fortune ailleurs.

Où est mon chapeau? Je le cherche partout. Il est là ; vous le cherchez toujours où il n'est pas. — Tôt ou tard il vous arrivera malheur. — Il pleut souvent à Paris. — Ici, on rase gratis demain. — Avez-vous assez d'argent? Je n'en ai guère. En voulez-vous encore? Non, je n'en veux pas davantage. Alors ne vous plaignez point. — Vous n'êtes jamais prêt. —

Ils sont déjà bien loin. — La robe que j'ai achetée ne me coûte que six francs.

Avant-hier il a plu à verse. — J'irai vous voir après-demain de bonne heure. — Il faut lui écrire franc de port. — Nous irons vous voir de temps en temps. — Les malheurs qu'il a ressentis coup sur coup l'ont anéanti. — Cet étourdi a mis tous mes papiers sens dessus dessous. — Ce soir nous causerons à loisir. — Il faut envoyer tout de suite chercher le médecin. — Petit à petit l'oiseau fait son nid. — On a coupé l'arbre à fleur de terre. — A présent votre devoir est à peu près correct. — Il faudra peut-être le renvoyer tout à fait.

22° *Prépositions.*

Allez chez mon père. — Je vais dans ma famille. — Nous courons après vous. — Le laquais se place derrière le cabriolet. — Le chat est caché sous la table. — Jules a été mis en retenue avec son frère Paul. — Où est Georges? Il est devant vous. — Nous demeurons à Paris. — La porte de la chambre. — Je reviens de Versailles. — Nous dînerons sans vous. — Vous aurez beau temps pour votre voyage.

Don Quichotte s'est battu contre les moulins à vent. — Je l'ai vu depuis mon retour. — Je vous raconterai cela entre la poire et le fromage. — Vous avez mal agi envers moi. — Sa maison est située hors la ville. — Il court toujours malgré ma défense. — Comment le reconnaître parmi tant de monde? — Les chats voient pendant la nuit.

L'armée s'avança vers la frontière. — Les bateaux vont sur la rivière. — Je vous enverrai une lettre par mon domestique. — J'ai tout fini excepté deux lignes. — J'agirai selon votre avis. — Je suis parti après vous, et j'arrive encore avant. — Joseph, voici l'heure de vous coucher; tenez, voilà votre bonnet de nuit.

Je m'en vais d'ici. — Je vais en Italie pour acheter du macaroni, et j'en vendrai en revenant en France.

La lune se lève au-dessus de l'horizon. — On aperçoit le soleil à travers les nuages. — Votre fils est à côté de vous. — Nous avons réussi à force de sollicitations. — Il faut se mettre à l'abri de la pluie. — L'Hindoustan s'appelle aussi presqu'île des Indes en-deçà du Gange. — La Gaule Cisalpine était située en-deçà des Alpes par rapport aux Romains, et la Gaule Transalpine au-delà des Alpes. — On plante ordinairement des arbres le long des routes. — Il faudrait placer ce tableau vis-à-vis la glace. — Vous partirez seul; quant à moi, je reste où je suis.

23° *Conjonctions.*

Le soleil et la lune sont brillants. — Il n'est ni sourd ni aveugle. — Je voudrais vous secourir; mais cela m'est impossible. — Je lirais si je voyais clair. — Je crois que j'irai à Rouen ou à Orléans par le chemin de fer. — Je vous disais donc que si vous n'êtes pas content, il faut que vous soyez bien difficile; car on satisfait tous vos caprices.

Il est dangereux de courir lorsqu'il fait du tonnerre. — Je ne parviendrai jamais à chanter comme vous, car j'ai la voix enrouée; cependant, puisque vous le voulez absolument, j'essaierai, quoique je n'espère guère réussir. — Il faut que vous veniez voir la maison que j'ai achetée, et qui ne coûte que mille écus.

Nos parents ont soigné notre enfance, c'est pourquoi nous devons les chérir. — Dieu est éternel parce qu'il n'a pas eu de commencement et qu'il n'aura jamais de fin. Il est immuable, c'est-à-dire qu'il ne change point. — Cachez-vous vite de peur qu'on ne vous voie. — Je travaille pendant que vous vous amusez. — Je vous pardonne à condition que vous serez raisonnable à l'avenir.

24° *Degrés de qualification.*

L'éléphant est gros; il est plus gros que le bœuf. — Ce papier est blanc; il est aussi blanc que la neige. — La France est grande, mais elle est moins grande que la Russie.

Jean est paresseux; il est plus paresseux que Paul, aussi dissipé que Charles, et moins appliqué que Julien; c'est l'élève le plus paresseux de toute la classe, et le moins attentif; il est en outre très gourmand, fort sale, excessivement menteur, et bien insupportable.

C'est dans les monts Himalaya, montagnes du Thibet en Asie, que se trouve le Daouadgiri, la plus haute montagne du globe; elle a 8,954 mètres d'elévation au-dessus du niveau de la mer.

En France l'hiver n'est ni aussi long, ni aussi rude qu'en Russie; c'est au Spitzberg qu'il est le plus rigoureux. — Paris est la plus grande ville de France; et après Londres c'est la ville la plus peuplée de l'Europe, et une des plus grandes et des plus belles villes du monde.

C'est mon plus fidèle ami. — Mon plus beau cheval est à l'écurie. — Notre plus grand chagrin est de voir notre fils se livrer aux plus grands désordres. — Leur tuteur est leur plus proche parent. — Laplace était un de nos plus savants mathématiciens. — Les savants font leurs plus chères délices de l'étude. — L'obélisque de Louqsor est un monument fort ancien qui remonte à la plus haute antiquité.

Conservez votre vertu plus soigneusement que votre richesse. — Courez vite, encore plus vite, et vous arriverez encore plus tôt que lui. — Marchez le plus doucement que vous pourrez de peur de le réveiller. — Je désire bien sincèrement vous rendre service.

Charles est bon ; il est meilleur que toi ; c'est le meilleur enfant que je connaisse. — Mon cheval est mauvais ; il est pire que ma jument. — Ma portion est petite ; elle est moindre que la vôtre ; c'est la moindre de toutes. — Edouard est mon meilleur ami. — Le vin de Bourgogne est bon ; mais celui de Bordeaux est encore meilleur. — Les bijoux les plus précieux ne valent pas la moindre des vertus. — C'est le cas de dire que le remède est pire que le mal. — De deux maux il faut éviter le pire.

Votre sœur touche bien du piano, mais elle pince encore mieux de la harpe. — C'est à Tours qu'on prononce le mieux le français. — Il me faut peu de chose pour déjeuner ; il m'en faut moins qu'à vous. — Donnez-m'en aussi peu que vous voudrez, ce sera toujours assez. — C'est le moins que vous puissiez lui donner ; c'est bien peu ; c'est moins que rien.

Ce que vous dites est mal ; c'est encore pis de le répéter. — Il ne se conduit pas aussi mal que vous. — Ce que vous faites aujourd'hui est pis que ce que vous avez fait hier. — Vous avez bien mal agi envers lui ; ce sera tant pis pour vous.

25° *Exercices variés.*

L'hospice des fous de Charenton. — Il est devenu fou de joie. — C'est une vertueuse personne. — Personne n'est assez sot pour se nuire volontairement. — Il a perdu son argent au rouge et au noir. — Le fat est ridicule ; il se couvre de ridicules. — L'écolier studieux préfèrera toujours l'utile à l'agréable. — Les thermomètres servent à indiquer le chaud et le froid. — Le fort Saint-Michel est situé dans le département de la Manche, au milieu de sables mouvants. — Les forts de la Halle sont ainsi nommés parce qu'ils sont très forts ; ils sont en général fort grands.

Il est bien désagréable pour les paresseux que le bien ne vienne pas en dormant. — Les biens de ce monde sont périssables. — Je vous embrasse bien tendrement. — Il m'a dit de vous beaucoup de bien et peu de mal ; je lui en ai bien des obligations. — J'aurai bien du plaisir à vous voir. — Je serais si content si j'avais des livres ! — Ces cerises ne coûtent qu'un sou la livre. — Il livre les secrets de tout le monde. — Un tu le tiens vaut mieux que deux tu l'auras. — Je reprends mon bien ; tiens, voilà le tien.

Tout l'univers célèbre un Dieu créateur. — Il y a des hommes célèbres par leurs vertus et d'autres par leurs crimes. — Que dites-vous de cette pièce ? Je dis qu'elle ne vaut rien. — Je regrette beaucoup le temps que j'ai perdu ; je crois que vous le regrettez aussi. — Il ne mange que du pain et ne boit que de l'eau. — Qui est ce monsieur ? C'est celui qui est venu hier. — La baleine est le plus gros animal. — Le charbon animal décolore le vin. — Que de maux l'ambition a causés !

La ville où je demeure. — Vous irez où je voudrai. — Le Louvre était autrefois la demeure des rois de France. — Quand on connaît sa faute, on manque doublement. — Votre manque d'ordre a causé votre ruine. — Quand viendrez-vous me voir ? J'irai quand je pourrai. — Ces fleurs sentent bon ; mais elles coûtent cher. — Ces fleurs sont très chères. — Le peu de vin que j'ai bu m'a enivré. — J'ai bu bien peu de vin. — Le dîner est-il bientôt prêt ? Oui ; nous allons dîner dans un instant. — On aperçoit des taches dans le soleil. — Si tu taches ta robe, tu seras grondée.

Adam a péché par désobéissance. — Nous portons la peine du péché d'Adam. — On nous servit un poulet tendre. — Il faut tendre la corde de l'arc. — Que portes-tu dans ta hotte ? — L'armée des ennemis est entrée par les portes de la ville. — Que faites-vous de ces fruits ? Je les porte au marché où j'espère en vendre. — J'ai marché bien vite pour arriver plus tôt. — Il boit a plutôt du vin que de l'eau. — Où vont ces femmes avec leurs paniers ? Elles les portent à la ferme. — La porte est ouverte ; le vent la ferme avec violence.

Ces enfants travaillent à l'envi l'un de l'autre. — A l'envie il joint la paresse. — Aime ton prochain comme toi-même. — Aime-t-on les enfants ? — Il faudra peut-être vous en aller. — Cela peut être vrai ; mais je ne le crois pas. — Quoique Charles soit bien léger, l'eusses-tu cru capable de cette étourderie ? — Les conscrits qui vont à l'armée sont quelquefois alarmés à la vue du danger ; ils marchent l'arme au bras et vont souvent la larme à l'œil donner l'alarme aux ennemis.

Tout homme est mortel. — Nous sommes tout étonnés de vous voir en si bonne santé. — Nous sommes tous à notre ouvrage. — Nous sommes tout à notre ouvrage, ne nous dérangez pas. — Je possède quelques tableaux précieux et quelques belles gravures. — Quelque beaux que soient mes tableaux et quelque jolies que soient mes gravures, je ne les garderai pas. — Quel que soit le prix de ces tableaux. — Quelle que soit sa fortune. — Quelles que soient les qualités qu'il possède.

26° *Exercices spéciaux et élémentaires d'analyse grammaticale des participes.*

J'ai lu des livres. — Les livres que j'ai lus. — On a accusé ma sœur. — Mesdames, nous vous avons attendues longtemps. — Ma sœur que l'on avait accusée. — La dame que vous avez vue hier. — Madame, nous vous avons attendue longtemps. — Les sommes que j'ai reçues, je les ai mises en caisse pour ne pas les dépenser. — J'ai dépensé les cent écus que j'ai reçus. — Les cent écus que j'ai reçus, je les ai dépensés.

Le cheval et la jument que j'ai eus l'année passée sont morts. — Combien avez-vous vu d'enfants? — Combien d'enfants avez-vous vus? — Les élèves appliqués que j'ai eus m'ont donné de la satisfaction. — Avez-vous vu ma sœur? Oui, je l'ai vue avant-hier. — Ma fille, je suis sûre qu'on t'a grondée. Oui, ma maîtresse m'a reproché mon étourderie. — Gardez-vous de vendre l'héritage que vous ont laissé vos parents.

Ces tableaux m'ont paru fort beaux. — Elle n'a vécu qu'un instant. — Les dix années qu'il a vécu. — Les douze heures que j'ai dormi m'on paru courtes. — J'ai coupé tous les arbres qui ont péri l'année passée. — Les cent francs que vous a coûté cet ouvrage. — Que de larmes sa folle conduite a coûtées à sa mère. — Les honneurs que ce travail m'a valu m'ont plus satisfait que les sommes qu'il m'a procurées.

La comédie que j'ai vu jouer. — La chanson que j'ai entendu chanter. — Madame, je vous ai entendue chanter. — J'ai perdu ma montre; je l'ai sentie tomber et je l'ai vu ramasser. — Les tableaux que j'ai faits sont vendus. — Les tableaux que j'ai fait vendre. — Les mensonges que j'ai entendus. — Les mensonges que je lui ai entendu faire. — Où sont les oiseaux? Je les ai laissés envoler.

Il a fait toutes les folies qu'il a voulu. — Le prince a accordé toutes les faveurs qu'il a pu. — Les malheurs que j'ai prévu que vous éprouveriez. — La science que vous avez voulu que j'apprisse me sera très utile.

Elle s'est enrichie. — Elle s'est donné la mort. — Nous nous sommes flattés de réussir. — Elles se sont égarées dans la forêt. — Elle s'est mis cette idée dans la tête. — Elle s'est mise à l'ouvrage. — Ces peuples se sont déclarés indépendants. — Ces peuples se sont déclaré la guerre. — Elle s'est donné la peine de venir. — Elle s'est donnée tout entière aux soins de ses enfants. — Nous nous sommes nui. — Nous nous sommes bien conduits.

FIN.

LOCUTIONS VICIEUSES

LES PLUS USUELLES

. La clef est à la porte, et non *après la porte*, ou *sur la porte*.

Acabit (d'un bon), et non *d'une bonne acabie*.

Aéré (endroit), et non *airé*.

Aéronaute, et non *aréonaute*.

Aérostat, et non *aréostat*.

Affilé (couteau), et non *effilé*. On dit : effiler un morceau d'étoffe.

Age (à notre), et non *à nos âges*.

Agencer, et non *engencer*.

Aises (prendre toutes ses), et non *tous* ses aises.

Alénois (cresson), et non *à la noix*.

Aller ; je suis allé, et non *je suis été*. — Je m'en suis allé ; j'y vais, et non *je me suis en allé ; je m'en y vais*.

Allumer le feu, une bougie ; ne dites pas *allumer la lumière*.

Amadou (bon), et non *bonne amadou*.

Amnistie (accorder une), pardon collectif, et non *armistice*.

Angoisse, et non *angoise*.

Angora (un chat), et non *angola*.

Antichambre (une), et non *un*....

Apparition, et non *apparution*.

Apprentie (une), et non *apprentice*.

Apurer un compte, et non *épurer*. On dit : Epurer la laine.

Arc de triomphe ; **arche** d'un pont.

Archal (fil d'), et non *d'aréchal*.

Ardillon d'une boucle, et non *Arguillon*.

Aréomètre, pèse-liqueur, et non *aéromètre*.

Argot (terme d'), et non *d'ergot*. On dit : l'ergot d'un coq.

Armistice (conclure un), suspension d'armes, et non *amnistie*.

Arrière (en), et non *errière*.

Artère (une grosse), et non *un gros artère*.

Assieds-toi, et non *assis-toi*.

Assurer ; je vous assure que c'est la vérité, et non *je vous promets que c'est la vérité*. On dit : je vous promets de dire la vérité (pour l'avenir).

Astérisque (un), et non *une astérique*.

Atmosphère chaude, et non *chaud*.

Attention ; c'est faute d'attention, et non *d'inattention*. C'est une faute d'inattention, et non *d'attention*.

Aujourd'hui ; ne dites pas : au jour d'aujourd'hui.

Autour de la ville, et non *à l'entour de la ville*.

Avant de partir, et non *auparavant de partir*.

Avoine, et non *aveine*.

Avoisiné, et non *envoisiné*.

Balayer, et non *balyer*.

Balsamine, et non *belsamine*.

Barde de lard, et non *barbe*.

Barigoule, et non *mérigoule*.

Bayer aux corneilles, et non *bâiller*.

Berlue (avoir la), et non *brelue*.

Besoin (avoir), et non *de besoin*.
Bilieux, et non *bileux*.
Bis (du linge), et non *bége*.
Blanchisserie, et non *blanchirie*.
Bluet, et non *bleuet*.
Bossuer; de l'argenterie bossuée en tombant, et non *bosselée*. On dit : argenterie bosselée, c'est-à-dire travaillée en bosse.
Bouilli (du), de la *bouillie*, et non du *bouli*, de la *boulie*.
Bouilli (du lait), et non *bouillu*.
Bras-le-corps (à), et non *à brasse-corps*.
Bredouiller, et non *berdouiller*.
Brelan, et non *berlan*.
Breloques, et non *berloques*.
Brouillamini, et non *embrouillamini*.
Bruine (il), et non il *brouillasse*.
Buanderie, et non *buyanderie*.
But (atteindre un), et non *remplir un but*.

Cacophonie, et non *cacaphonie*.
Caleçon, et non *caneçon*.
Calendes; renvoyer aux calendes grecques, et non *au calendrier grec*.
Californie, et non *califournie*.
Calville (pommes de), et non *Calvi*.
Campagne (aller à la), et non *en campagne*. *En campagne* se dit surtout de troupes en expédition.
Casserolle, et non *casterole*.
Cassonade, et non *castonade*.
Cérébrale (fièvre), et non *célébrale*.
Cesser; il ne cesse de parler, et non *il ne décesse de parler*.
Centime (un), et non *une centime*.
Chacun; ne dites pas : *un chacun*, ni *tout un chacun*.
Charcutier, et non *chaircuitier*.
Chardonneret, et non *chardonnet*.
Chrétienté, et non *chrétienneté*.
Ci; ce moment-ci, et non *ce moment ici*.
Cligne-musette, et non *crimisette*.
Cloche-pied (à), et non *croche-pied*.
Comparution, et non *comparition*.
Confus, et non *confusionné*.
Conjectures (faire des), c'est-à-dire des suppositions, et non faire des *conjonctures*.
Conjonctures (dans ces), c'est-à-dire dans ces circonstances, et non dans ces *conjectures*.
Considérable (fortune), et non *conséquente*.
Consultation (une), et non *consulte*.
Contredit (sans), et non *contredire*.
Contremander, et non *décommander*.
Cor et a cri (à), et non *à corps et à cris*.
Corpulent, et non *corporé*.
Corridor, et non *colidor*.
Cosses de pois, et non *écosses*.
Coudre; je coudrai, et non *couserai*.
Couverture (la), et non *la couverte*.
Crassane (poire de), et non *creusane*.
Crocodile, et non *cocodrille*.
Curaçao, et non *cuiraçao*.
Curer un puits, et non *écurer*.

De. La maison de mon père, la fille de Thomas, la barque de Caron, et non *la maison à mon père, la fille à Thomas, la barque à Caron*.
Dédit (un), et non *une dédite*.
Définitive (en), et non *en définitif*.
Dégourdi, et non *déluré*.
Dégrafer, et non *désagrafer*.
Denier à Dieu, et non *dernier adieu*.
Digression, et non *disgression*.
Diligence, et non *déligence*.
Dinde (une), et non *un dinde*.
Diner d'un dindon, et non *avec un dindon*.
Disparition, et non *disparution*.
Divination, et non *devination*.

Ecales de noix, et non *écailles*.
Echarde (s'enfoncer une), et non *écharpe*.

ECHAUFFOURÉE, et non *échaffourée.*
ECHINER (s'), et non *s'échigner.*
ECLOPÉ, et non *esclôpé.*
ECRITOIRE (une), et non *un écritoire.*
ECRUE (toile), et non *toile crue.*
ECULÉ (soulier), et non *aculé.*
ECURER une casserole, et non *récurer.*
EFFRACTION (vol avec), et non *infraction.*
EGRENER, et non *dégrainer.*
ELEVÉ (bien), et non *éduqué.*
ELIXIR, et non *élexir.*
EMBARRAS; c'est un embarras de moins, et non *un débarras de moins.*
EMINENT (un personnage), et non *imminent.* — Un danger IMMINENT, et non *éminent.*
EMU (il m'a), et non *émouvé.*
ENIVRER; prononcez *anivrer*, et non *énivrer.*
ENJAMBER, et non *ajamber.*
ENORGUEILLIR, et non *énorgueillir.*
ENVERGURE, et non *enverjure.*
ENVI (à l') l'un de l'autre, et non *à l'envie.*
ERGOT (voyez *argot*).
ERUPTION d'un volcan, et non *irruption.* — Une armée fait IRRUPTION, et non *éruption.*
ESCALIER (sur l'), et non *les escaliers.*
ESCAROLE (de l'), et non de la *scarole.*
ESQUINANCIE, et non *esquilancie.*
ETAMEUR, et non *rétameur.*
ET CŒTERA, et non *eccétéra.*
ETRES (les) d'une maison, et non les *aises.*
EVENTAIRE d'une marchande, et non *inventaire.* — On dit *inventaire* d'une marchandise.
EVIER de cuisine, et non *lévier.*
EXCUSE; je vous fais mes excuses, et non *je vous demande excuse.*
EXPRÈS (faire), et non *par exprès.*

FAINÉANT, et non *faignant.*
FILIGRANE, et non *filigramme.*
FLEURER; cela fleure comme baume et non *flaire.*
FLORAISON, et non *fleuraison.*
FOIS; toutes les fois que, et non *toutes fois et quantes.*
FORCÉ; ne dites pas *je suis forcé malgré moi.*
FRAGILE (un objet), et non *casuel.*
FRANC; à franc étrier, et non *flanc étrier.*
FRANGIPANE, et non *franchipane.*
FRANQUETTE (à la bonne), et non *flanquette.*
FRELUQUET, et non *ferluquet.*
FRILEUX, et non *frilleux.*
FRUSQUIN, et non *frisquin.*
FUNAMBULE, et non *fumenambule.*
FUTAIE (une haute), pour un bois de grand arbres, et non *futaille*, qui se dit d'un tonneau.

GANGRÈNE, et non *cangrène.*
GARNISAIRE, et non *garnissaire.*
GASTRITE (une), et non *gastrique.* —On dit *un embarras gastrique.*
GÉANT, GÉANTE, et non *géane.*
GÉRANIUM, et non *généranium.*
GÉSIER, et non *gigier.*
GIROFLE (clous de), et non *gérofle.*
GOUDRON, et non *gaudron.*
GRIFFONNER, GRIFFONNAGE, et non *gribouiller, gribouillage.*
GRUYÈRE, et non *gruère.*

HAIR; je hais, et non *je haïs.*
HANGAR (sous le), et non *sous l'hangar.*
HASARD (au), et non *à l'hasard.*
HÉBÉTER, et non *embêter.*
HÉMORRAGIE. Ne dites pas *hémorragie de sang.*
HEURE; de bonne heure, et non *à bonne heure.* De meilleure heure, et non *plus à bonne heure.*
HONORIFIQUE (une fonction), et non *honoraire.* Ce dernier qualificatif se dit seulement des personnes : un président honoraire.
HOURVARI, et non *boulvari.*
HUPPE d'oiseau, et non *houppe.* On dit : une houppe de crin.
HURLUBERLU, et non *hustuberlu*

Imminent (voyez *éminent*).
Impossible ; ne dites pas, *il est impossible de pouvoir.*
Inattention (une faute d'), et non *d'attention.*
Incendie (un), et non *une incendie.*
Incurable (une maladie). Ne dites pas : *incurable aux remèdes.*
Indisposition (une). Ne dites pas : *une mauvaise indisposition.*
Infatué, et non *enfatué*.
Infesté; un arbre infesté de chenilles, et non *infecté*. On dit : infecté par une mauvaise odeur.
Inflammation, et non *enflammation.*
Infraction à la loi, et non *effraction à la loi*.
Intervalle (un), et non *une*....
Ipécacuana, et non *épicacuana*.

Jais (noir comme du), et non comme un *geai*.
Jet d'eau, et non *jeu d'eau.*
Jonchets (jouer aux), et non *aux onchets*.
Juché sur un arbre, et non *huché*.

Ladrerie, avarice. Ne dites pas: *crasserie*.
Larronnesse, et non *larronne*.
Laudanum (du), et non *de l'eau d'anum*.
Légumes (de bons), et non *de bonnes légumes*.
Lentilles, et non *nentilles*.
Liais (pierre de), et non *de lierre*.
Linceul, et non *linceuil*.

Machonner, et non *mâchiller*.
Mahométisme, et non *mahométanisme*.
Mairie, et non *mairerie*.
Malentendu, et non *mésentendu*.
Maligne (Fièvre), et non *maline*.
Manière ; de manière que, et non *de manière à ce que*.
Marcotte, et non *margotte*.
Marmonner, et non *marronner*.
Matériaux, et non *matéreaux*.
Maure. A laver la tête d'un Maure, et non *d'un mort*, on perd son savon.
Meilleur. Ne dites pas : *plus meilleur*.
Messire Jean (poire de), et non *missergent*.
Midi précis, et non *précise* ; sur le midi, et non *sur les midi*.
Minuit précis, et non *précise* ; sur le minuit, et non *sur les minuit*.
Moi; menez-y-moi ou menez-m'y, et non *menez-moi-z-y*.
Mordre; je mordrai, et non *morderai*.
Mourir. Ne dites pas : *il a été fait mourir*.
Moussu (un arbre), et non *mousseux*.
Mouvoir (se), et non *se mouver*.

Nacre (de la), et non *du nacre*.
Naine, et non *nine*.
Noyé, et non *neyé*.

Obéré. Ne dites pas : *obéré de dettes*.
Observer; je vous fais observer que, et non *je vous observe que*. Observer veut dire *examiner, surveiller*.
Obstiné, et non *ostiné*.
Olographe (testament), et non *autographe*. On dit : *lettre autographe*.
Ombreux; forêt ombreuse, et non *ombrageuse*. On dit : cheval ombrageux.
Omnibus (un), et non *une omnibus*.
Ongles longs, et non *longues*.
Ordre (rétablir l'), et non *le désordre*.
Ou est-il ? et non *où ce qu'il est?*
Outre cela, et non *outre de cela*.
Ouvrable (jour), et non *ouvrier*.
Ouvrage (de bon), et non *de la bonne ouvrage*.

Palefrenier, et non *palefermier*.
Pantomime, et non *pantomine*.
Parafe, et non *patarafe*.
Parfaitement, et non *au parfait*.
Pari (faire un), et non une *pariure*.
Partout, et non *tout partout*.

Passant, passager. Une joie passagère; une rue passante, fréquentée ; ne dites pas : *une rue passagère*.
Patère de rideau (une), et non *un patère*.
Pécuniaires (moyens), et non *pécuniers*.
Percluse (elle est), et non *perclue*.
Perdre; je perdrai, et non *perderai*.
Pétale (un), et non *une pétale*.
Pierre de liais, et non *pierre de lierre*.
Pire, pis. Ne dites pas : *plus pire, plus pis*.
Place (si j'étais à votre), et non *si j'étais de vous*, ou *que de vous*.
Platine (du), métal, et non *de la platine*.
Pleurésie, et non *plurésie*.
Pluriel, et non *plurié*.
Pointer une boule, et non *appointer*.
Pont (passer le), et non *traverser le pont*.
Potiron, et non *poturon*.
Prendre garde de tomber. Ne dites pas : *prenez garde de ne pas tomber*.
Presque fait; ne dites pas *quasiment fait*.
Prévoir. Ne dites pas : *prévoir d'avance*.
Promettre (voyez *assurer*).
Prochaine (la semaine), et non *la semaine qui vient*.
Probata (au), et non *à prorata*.
Pulmonique, et non *poumonique*.

Quant à moi, et non *tant qu'à moi*.
Quatre yeux, et non *quatre-z-yeux*.
Que; aussi grand que lui, et non *comme lui*.
Quel qu'il soit, et non *tel qu'il soit*.
Quelquefois, et non *il y a des fois*.
Quelqu'un. Ne dites pas : *un quelqu'un*.
Quoique je sois malade ; ne dites pas : *malgré que je sois malade*.

Rancunier, et non *rancuneux*.
Rébarbatif, et non *rébarbaratif*.
Rebours (au), et non *à la rebours*.
Rebuffade, et non *rebiffade*.
Récépissé (un), et non *recipissé*.
Recouvrer; il a recouvré la santé, sa fortune, et non *recouvert*.
Reculer. Ne dites pas : *reculer en arrière*.
Refroidir (laisser), et non *froidir*.
Remémorer, et non *rememorier* ni *remémoirer*.
Rémunérer, et non *rénumérer*.
Rentraire une couture, et non *rentrer*.
Repenti (je me suis), et non *je m'ai repenti*.
Répréhensible, et non *réprimandable*.
Réputation (avoir une mauvaise), et non *jouir d'une mauvaise réputation*.
Respect (sauf votre), et non *sous votre respect*.
Ressortit (affaire qui) au juge de paix, et non *qui ressort*.
Revenche, et non *revenge*.
Revers (le) d'une médaille, et non *l'envers*.
Revoir (au), et non *à revoir*. Cette dernière locution signifie : à examiner de nouveau.
Ric-a-ric, et non *ric-à-rac*.
Riche (un homme), et non *fortuné*.
Rien; il est toujours sans rien faire, et non *à rien faire*.
Rouelle de veau, et non *ruelle*.

Sainte nitouche, et non *mitouche*.
Santé (avoir une mauvaise). Ne dites pas : *jouir d'une mauvaise santé*.
Saupoudrer, et non *soupoudrer*.
Savoir (on fait), et non *à savoir*.
Scarlatine (fièvre), et non *fièvre écarlate*.
Seau (un), et non un *sieau*.
Sébile, et non *sibille*.
Seigneurie (une), et non *seigneurerie*.
Semoule, et non *semouille*.
Sens dessus dessous, et non *sans dessus dessous*.

Sentinelle (une), et non *un sentinelle.*

Serre (une), pour les fleurs, et non *une resserre.*

Soc de charrue, et non *socle.*

Socle de pendule, et non *soc.*

Socques (chaussure), et non *socles.*

Sortilége, et non *sorcilége.*

Soucoupe, et non *secoupe.*

Soupente (la), et non *suspente.*

Sourd-muet (un), et non *sourd et muet.*

Sous, Sur la table, et non *dessous, dessus la table.*

Sous-louer, et non *sur-louer.*

Souvent. Ne dites pas : *souventes fois.*

Spatule, et non *espatule.*

Spectacle, et non *espectacle.*

Statue (une), et non une *estatue.*

Statuts (les), et non les *estatuts.*

Stentor (une voix de), non de *centaure.*

Style (le), et non l'*estyle.*

Sucré. Votre café est-il sucré ? et non *êtes vous sucré ? sucrez-vous.*

Suffisant. Ne dites pas : *c'est assez suffisant.*

Surdité, et non *sourdité.*

Sustenter (se), et non se *substenter.*

Tabernacle, et non *tabernaque.*

Taie d'oreiller, et non *tête d'oreiller*

Talent (acquérir un), et non *apprendre un talent.*

Tant pis, et non *tant pire.*

Tellement beau. Ne dites pas : *si tellement beau.*

Tempête. Ne dites pas : *tempête orageuse.*

Tendon d'Achille, et non *tendron.*

Thésauriser, et non *trésoriser.*

Tramontane (perdre la), et non *tramontade.*

Transvaser, et non *transvider.*

Trépied, et non *trois-pieds.*

Tricheur, et non *trichard.*

Tutoyer, et non *tutayer.*

Vasistas, et non *vagistas.*

Vénéneux (suc), et non *vénimeux.*

Vénimeux (animal), et non *vénéneux.*

Venir; j'en viens, et non *j'en deviens.*

Vésicatoire, et non *vessicatoire.*

Vêtir; nous vêtons, ils se vêtent, je vêtais, et non *nous vêtissons, ils se vêtissent, je vêtissais.*

Voir; voyez, et non *voyez voir.*

Vole (faire la), et non *la volte.*

TABLE DES MATIÈRES

PREMIÈRE PARTIE

LEXICOLOGIE

SECONDE PARTIE

LEXICOGRAPHIE ÉLÉMENTAIRE OU ORTHOGRAPHE

TABLE DES MATIÈRES

VERSAILLES.—IMPRIMERIE CERF, 59, RUE DU PLESSIS.

OUVRAGES DE M. RIVAIL

Catéchisme grammatical de la langue française. 2e édition, grand in-18 cart. . . . . » 80

Dictées du premier âge, contenant : 1° des Exercices gradués d'orthographe d'usage régulière et irrégulière : 2° des Exercices sur les règles fondamentales les plus simples de l'orthographe grammaticale; 3° des Dictées courantes composées d'anecdotes instructives et morales. Nouvelle édition. 1 vol. in-12 cart. 1 fr.

Corrigé des exercices contenus dans la deuxième partie des *Dictées du premier âge*. In-12 broché. . . . . » 60

Dictées du deuxième âge, contenant: 1° des Dictées et Exercices gradués sur les règles orthographiques du second ordre, sur les homonymes ; 2° des Dictées courantes formant un cours élémentaire de *Mythologie*, et pouvant servir en même temps d'exercices de lecture et de mémoire. 1 vol in-12 cart. 1f 50

Grammaire normale des Examens, ou Solutions raisonnées de toutes les questions sur la grammaire française, proposées dans les examens de la Sorbonne, de l'Hôtel de Ville de Paris, et de toutes les Académies de France, pour l'obtention des diplômes, et des brevets de capacité, et pour l'admission dans les administrations publiques; résumant l'opinion de l'Académie et des différents grammairiens sur les principes et les difficultés de la langue française; par MM. Lévi et Rivail. Cinquième édition. 1 vol. grand in-18, cart. . . . . 2 fr. 50

Dictées normales des Examens recueillies et choisies dans les examens de la Sorbonne, de l'Hôtel de-Ville de Paris, etc., avec des notes grammaticales, étymologiques, historiques et anecdotiques sur l'origine et l'orthographe d'un grand nombre de mots, et accompagnées: 1° de *Dictées spéciales* sur les difficultés orthographiques; 2° de *Dictées littéraires* extraites des meilleurs écrivains, pouvant servir de texte aux leçons d'analyse et de rhétorique, en même temps que de modèles de style et d'exercices de lecture à haute voix; à l'usage des candidats aux divers brevets de capacité et des élèves des cours secondaires et supérieurs, par les mêmes. Cinquième édition; 1 vol. grand in-18, cartonné. . . . . 2 fr. 25

Traité d'arithmétique. Cours complet théorique et pratique, comprenant près de 3,000 exercices et problèmes gradués, un traité complet des poids et mesures. Quatrième édition ; 1 vol. in-12, cartonné. . . . . 2 fr.

— Solutions des exercices et problèmes; in-12, broché. . . . . 75 c.

Solutions raisonnées des questions et problèmes d'arithmétique et de géométrie usuelles proposés dans les examens de l'Hôtel-de-Ville de Paris et de la Sorbonne, pour l'obtention des brevets et diplômes de capacité; 1 vol. in-12, cartonné. . . . . 1 fr. 50

VERSAILLES. — IMPRIMERIE CERF, RUE DU PLESSIS, 59.

www.ingramcontent.com/pod-product-compliance
Ingram Content Group UK Ltd.
Pitfield, Milton Keynes, MK11 3LW, UK
UKHW021101260726
13994UKWH00002B/633

9 782329 383132